丛书主编 陈向明

教师的实践性知识和实践性判断

以杜威的知行观为理论视角

赵 康—著

Teachers' Practical Knowledge & Practical Judgment

教育科学出版社
·北 京·

丛书序

我们需要什么样的教育学？

——兼论实践-反思教育学

教育学的学科化，是一段从哲学、心理学不断独立出来的世纪历程。直到21世纪的今天，教育学依然朝着这个方向努力。然而，教育学的立场、价值和不可替代性究竟是什么呢？如果说教育学是一门研究教育现象及其规律的科学，那么我们需要认识、理解并解释教育现象；但实质上教育学面对的不只是诸多现象，更是在现象中发挥主体作用的活生生的人。通过教育研究提升人的生命质量，既是回应21世纪素养导向的教育变革理念，也是中国传统哲学中“学以为己”的价值追求所在。

北京大学教育质性研究团队在过去20多年时间里，扎根教育现场，希冀通过扎实的实征（empirical）研究探寻出适合我国国情，且能被一线教师接纳，并对改进教育实践起到实质性效果的教育研究之路。为此，我们提出了“实践-反思教育学”作为这一支研究取向的学术标志。这样一种教育学不仅仅回应了西方有关哲学传统，而且根植于我国的本土文化积淀。

首先，实践-反思教育学是回应西方哲学传统的教育学。根据古希腊哲学家亚里士多德的观点，“实践”（praxis）是一种有目的、有价值导向、致力于问题解决的活动。它在理论与实际操作之间来回修正二者，具有反思性和反身性，要求实践者深思熟虑，在恰当的时机做出适宜的行动。根据西方实用主义哲学家杜威（John Dewey）及其后学舍恩（Donald A. Schön）和阿基里斯（Chris Argyris）等人的观点，“反思”指的是“做”与“受”之间的回话与相互映照，即行动者在思维与行动时，根据情境的反映与对话，重构问题框架，不断调适自己的行动，并进而反思自己的价值观和基本假定。这种调适不仅包含行动主体的思维活动，而且渗透着他们的情感、价值观和信仰。据此，实践-反思教育学立足于教育教学实践，研究者在高度关注教育实践的真实性和复杂性的同时，还要具有反思的意识和能力。研究者不仅需要了解和理解被研究的现象和问题，同时需要不断监控自己和实践者在研究过程中所发生的变化、这些变化发生和发展的机制，以及这些变化对研究过程和研究结果所产生的影响。

其次，实践-反思教育学是具有原创性的中国本土教育学。实践与反思对应着中国哲学的知行观。知与行是中国思想史中一对既相互独立又紧密相关的概念，背后的中国文化对教育研究者的影响不能被忽视。中国古代鸿儒大家追求的知行合一已绵延千年，积淀成为中国人的文化心理结构，形成了中国文化的“实践理性”精神。此外，孔子“自省”以修身养德的方式也极具反思色彩，不仅直接影响到中国教育研究者的学术立场和理论定位，而且指导着他们具体的研究决策和行动。因此，在理论与实践的互动之间，实践-反思教育学研究在追求严谨和真实的同时，更加重视实用和适切。

足以见得，实践-反思教育学尝试融会贯通东西方思想资源，从学术研究的角度为当前中国教育改革提供新的思路。中共中央、国务院关于全面深化新时代教师队伍建设改革的工作部署，对教师队伍建设提出了新要求，也呼吁教育研究者提出新的理论视角和方法论支撑。

为此，实践-反思教育学倡导教育界乃至全社会尊重教师在专业发展中的主体地位，重视对教师反思意识和能力的培养，营造开放灵活的教师专业发展环境，促进教师实践性知识的生成和发展。如此，教师在面临各种两难困境和“顽症”时，不仅会反思自己面对问题时的行动策略，而且会触及行动背后的价值观和因果假定，实现由策略改变到价值观改变的“双环学习”。

北京大学教育质性研究团队在不断探索实践-反思教育学理论的同时，对教师教育领域的相关问题展开了大量实征研究，初步形成了相对稳定的理论视角、研究思路和方法路径。本团队聚焦教师专业素养的养成，结合中国教师本土的专业实践和社会文化特性，做出了一批具有原创性的研究成果。本套丛书选编的六本专著正是我们团队的精选成果，其中既有使用质性研究不同取径开展的研究，也有偏向基本理论层面的探讨，还有侧重于实践改进的行动研究。

李莉春博士的研究旨在通过深入教师的日常教育实践现场，探究教师实践性知识的本质，从而对教师实践性知识进行再定义。基于实践认识论，她的研究发现，教师实践性知识是教师在实现个人教育意象的热情驱动下身心合一的知与行，教师实践性知识的本质是一种行动中识知与行动中反思的动态机制。

同样是对实践性知识进行研究，魏戈博士则站在马克思历史唯物主义的哲学立场，从苏俄文化历史心理学派溯流而下，以“文化-历史活动理论”为抓手，整体呈现了教师实践性知识的生成过程。在此基础上，他引申出有关如何理解教师专业成长的新视角、教师在工作现场学习的价值，以及实践活动对于教师专业发展的意义等三个方面的讨论。

虽然近年来教师实践性知识的实征研究成为热点，但是其“知识”地位一直颇具争议。赵康博士从杜威的实用主义知识论出发，在理论层面为教师实践性知识的合理合法性提供了支持。这种知识论认为，知识源自探究，由认知性经验而获得，是关于行动及其导致的结果之间关系的知识。体现在教师身上的，是有关教育教学行动及其带来的结果之间关系的实践性知识，具有引导未来行动的功能。杜威关于知识的工具性观点，还在一定程度上化解了教师的理论性知识与实践性知识孰高孰低之争，因为二者都来自经验，并最终服务于实践，这也使得教师的“知性主动性”显得尤为重要。

杨帆博士采用话语分析的方法，考察了教师学习和理解一种“变革性课堂教学实践”的过程，最终提炼出了教师学习的三个主题：表征、协商和规训。在丰富的研究结果基础之上，他面向学校提出三点实用性建议：校本教研应注重引进外部和理论话语以改造本土话语；学校共同体的建设不应强制追求“共识”；课例研究需要关注“核心实践”和特定主题。

朱光明博士则从现象学的理论视角出发，对教育情境中的表扬与批评进行了研究。他从具体的教育情境出发，通过多种途径收集资料，对孩子们日常交往中的表扬、批评现象（体验）进行了详细的描述和深入的分析，揭示了表扬、批评对孩子们生存和成长的意义。在此基础之上，他还对表扬、批评现象进行了深入的教育反思。

徐月博士在城乡社会变革和农村中小学布局调整大背景下，观察到中国中西部城镇学校的大班额比重持续上升，大班额现象与办好公平而有质量的教育构成教育事业发展中的一对矛盾。因此，她研究了在大班额教学情境下，教师为达成预期目标所采取的行动及其行动背后的推理。她发现，教师们有意识地承担起在大班额困境下仍旧要促进学生发展的教育责任，这些变化体现出教师深刻的本土实践创造性。

这六本专著虽然涉及不同的研究方法及路径，但是在研究的出发点和价值立场上是一致的，遵循的都是实践-反思教育学范式的基本要求。这些文本都表达了如下基本观点：教师不只是需要不断发展的专业人员，更是能动的反思者、反思的实践者；教育学知识不仅仅是冷静的抽象理论，更是有温度的专业智慧；教育实践不仅仅是理论指导下的行动，更是教师反思性知识的有机组成部分。与此同时，这些研究反映出教育研究者应担负的双重任务：一是对教育现象提供扎实、准确的描述，对教育实践的本质、过程、结构、条件等基本问题做出有力度、有新意的解释；二是对教育实践应当如何做，特别是针对目前的重重困境如何突围，提出适切的价值判断和操作方法。六位青年学者对实践-反思教育学范式孜孜不倦的探索，让我们感受到他们对教育学的热情、审美和个人寄托，也让教育学不断回归“人学”。

当然，我们还有必要讨论实践-反思教育学在未来可能面临的挑战。

实践-反思教育学所带来的实践认识论，不是要从沉思的形而上传统走向另一个极端，它并不主张行动高于或优于知识、实践内在地优越于思想。因此，我们所提出的实践优先性，只是实践转向的初始原则，而非最终结论。实践转向的真正挑战在于，在肯定了行动/实践的基础地位之后，如何理解知识与行动、理论与实践之间的关系。

我们还应该反思人工智能时代对传统学徒制下教育学的冲击。虽然有研究指出，在当前人工智能、大数据、虚拟现实风行的时代，以教师、社工、法律顾问、艺术家等为代表的专业工作者最不可能被机器人所取代，因为他们的实践性知识构成了立身的专业资本；然而，在信息化技术大量介入教育工作者实践的同时，如何在制度上为他们保留一片自主发展的空间，或许是我们在新世纪探讨实践-反思教育学的紧迫性所在。

陈向明
北京大学教育学院

目录

在知识的指导下，行动是方法和手段，而不是目的。目标和目的是——以主动引导对象为手段，而只有知识使其得以可能——让价值在经验中得到更稳妥、更自由和更广泛共享的体现。

——约翰·杜威《确定性的寻求》

第一章 导言

教师实践性知识（teachers' practical knowledge）作为教师教育的一个研究领域，从20世纪80年代开始在国外出现并发展至今（Elbaz, 1981；Elbaz, 1983；Clandinin et al.，1987；van Manen, 1992）。目前相关研究在我国教育研究界特别是教师教育研究界已经具有一定规模，研究结果也见诸大量国内期刊、学位论文和专著等载体中。[①]然而，当前教育研究界和教育实践领域对于教师实践性知识到底是什么依然在持续探究和讨论。尽管有来自传统教育理论领域对这一知识类型的质疑，但不能否认的是相当数量的实证研究表明，这种类型的“知识”的确在教师教育教学实践中产生和运行着（如：陈向明，2009a；陈向明，2009b；陈向明 等，2011；陈向明 等，2012）。

---

① 截至2021年2月，在中国知网以“教师实践性知识”为关键词进行搜索，出现了3036条结果，包括期刊论文、学位论文、会议论文、报纸文章和图书等。较常引用的期刊论文有：陈向明．实践性知识：教师专业发展的知识基础［J］．北京大学教育评论，2003（1）：104-112；钟启泉．“实践性知识”问答录［J］．全球教育展望，2004（4）：3-6；王鉴，徐立波．教师专业发展的内 （转下页）

对于这一领域的研究而言，最为基本的一个问题是“什么是教师实践性知识”。根据笔者涉猎的文献，大多数研究者认为以色列学者埃尔巴兹（F. Elbaz）是较早提出有关概念的学者之一。埃尔巴兹认为，教师实践性知识是“教师以独特的方式拥有的一种特别的知识”，它“以特定的实践环境和社会环境为特征，是高度经验化和个人化的；是关于学生、课堂、学校、社会环境、所教学科、儿童成长理论、学习和社会理论所有这些类型的知识，被每位教师整合成为个人价值观和信念，并以他的实际情境为取向”。（陈向明，2009b）埃尔巴兹进一步论述了这种知识涉及的五个方面：（1）自我的知识，包括作为资源的自我、与他人相关的自我和作为个体的自我；（2）环境的知识，即课堂、政治环境和社会环境的营造；（3）学科的知识；（4）课程的知识，包括课程的开发、组织、评价等；（5）授课的知识，包括学习理论、学生和教学、师生关系等。（陈向明，2009b）简言之，这种知识的构成涵盖教师对“学生的学习模式、兴趣、需要、长处和困难的一手经验，以及授课技巧和班级管理技术的全部”（Elbaz，1983：5）。相关描述强调的关键词有“实践”“个人 ”“经验”等。

“实践性知识”概念也明显地出现在加拿大学者康奈利（F. M. Connelly）和克兰迪宁（D. J. Clandinin）的著作中。二人特别称其为教师的“个人实践性知识”（personal practical knowledge）（如：Clandinin et al.，1987）。克兰迪宁认为：“教师们通常被认为是具有经验的，但他们也被认定没有从那些经验中获得知识。教师‘知识’之

(接上页) 涵与途径：以实践性知识为核心 [J]. 华中师范大学学报（人文社会科学版），2008（3）：125-129；陈向明. 教师实践性知识研究的知识论基础 [J]. 教育学报，2009（2）：47-55，129；陈向明. 对教师实践性知识构成要素的探讨 [J]. 教育研究，2009（10）：66-73；陈向明，赵康. 从杜威的实用主义知识论看教师的实践性知识 [J]. 教育研究，2012（4）：108-114；等等。影响较大的著作有：鞠玉翠. 走近教师的生活世界：教师个人实践理论的叙事探究 [M]. 上海：复旦大学出版社，2004；姜美玲. 教师实践性知识研究 [M]. 上海：华东师范大学出版社，2008；陈向明，等. 搭建实践与理论之桥：教师实践性知识研究 [M]. 北京：教育科学出版社，2011；魏戈. 教师实践性知识的生成 [M]. 北京：教育科学出版社，2020；等等。

所以被忽略，有一部分原因是我们还没有方法来思考这种实践性知识，还有一部分原因是我们没有识别出实践性导向的知识。”（Clandinin，1986：8-9）克兰迪宁后来这样描述这种形式的知识：

> 我们把个人实践性知识看成个人的经验，它存在于个人当下的意识和身体以及个人未来的计划与行动之中。这种知识反映个体先前获得的知识并肯定教师知识的情境性特征。这是一种从情境中产生并被情境所形塑的知识。当我们从我们的故事中活出我们的生活，并通过反思过程重述和重新生活出那些故事时，这种知识得以建构并重构。（Clandinin，1992：125）

这两位学者论述了教师从经验中得到的知识蕴含在教师的“个人叙事”中。于是，他们选择运用叙事探究（narrative inquiry）的方法探究教师的“个人实践性知识”，因为他们认为“教师知道什么”可以通过教师个人的“叙事整体”（narrative unity）得到表征，或者说这种方法可以避免研究者曲解、损坏和重构这种知识。显然，他们也强调这种知识的“实践性”和“个人性”，而他们的有关教师的“经验”概念，主要是基于杜威的理论。但是，也有学者批判他们过于强调教师实践性知识的“个人性”而忽视“社会性”（如：Britzman，1986；Willinsky，1989；Carter，1993），或批判他们过于专注教师的“专业性实践”而忽视教师作为人的整体性以及他们的生活史（Goodson et al.，1991）。

另一位对教师实践性知识这一概念有影响的学者是舍恩。舍恩的著作吸收了杜威的实用主义哲学以及他自己对建筑师、心理治疗师和工程师的研究。他的观点主要呈现在他的著作《反映的实践者》中（另见：Schön，1987；Schön，1991）。他的观点主要出于对技术理性（technical rationality）的不满，因而想找到一个更好的方法来理解专业人员如何在行动中工作。技术理性，简单说就是传统社会科学在专业实践中的问题上的应用。舍恩认为这种应用不起作用，因为应用这种技术理性的想法与专业人员实际上如何工作存在根本的偏差。他认为，实践者的知识不是基于研究的理论知识或科学知识，而是基于他们自身的“实践知识”（knowledge of practice）。这种知识不在“又高又硬的土地上”，而是存在于“沼泽般的低地中”。在那里，“情境是错综复杂的‘一团’，并无法用技术性措施解决”。（Schön，1983：42）在舍恩看来，我们的认知处于我们的行动之中。这与杜威的知识理论基本一致。他用“行动中反思”（reflecting-in-action）、“实践中反思”（reflecting-in-practice）以及“框定和再框定”（framing and reframing）等概念来表达他的思想。这些概念构成了舍恩提出的“实践性认识论”（epistemology of practice）。他试图用这种认识论来区分“理论性/正式性知识”概念和“实践性知识”概念。舍恩指出，这两种知识不仅来源不同，而且从认识论层面看，代表不同的知识类型。舍恩的实践性认识论强调行动和反思，而其理论来源明显深受杜威的实用主义知识论的影响。

按照上面两种路径研究教师实践性知识，我们可以说：如果说研究者打算采纳康奈利和克兰迪宁的取向，那么他们多从叙事探究取径开展研究；而如果研究者顺着舍恩的走向，那么他们多从行动（研究）取径进行研究（如：Clift et al.，1990；Erickson et al.，1991；Grimmett et al.，1992；Russell et al.，1992）。而实际上，在实践性知识研究领域，还存在一种偏重现象学路径的研究。

加拿大学者范梅南从20世纪80年代起就试图从现象学的视角研究教师的实践性知识。他认为教师行动中的实践性知识需要教育敏感性，也可以说需要教育关切和“教学机智”（tact of teaching），或身体化的、直觉的理解。在范梅南看来，教育实践者的反思性思维不仅是教育工具，而且是教育目的，“反思性教育者对他们的学生及其教学内容和教学方式都具有教育学上的敏感性”（范梅南，2008）。也就是说，他们能“区分在特定情境中对这个孩子或者这些孩子来说，什么是好的或什么是最适宜的，什么是不好或者不适宜的”（范梅南，2008）。但是他分析、发展并超越了杜威和舍恩等持有的反思理论，认为“行动中的反思只能是一种（交往）行动的智慧”，于是提出了“作为行动的教育敏感性和教育机智的实践认识论”。（范梅南，2008）他使用“教育智慧”（pedagogical thoughtfulness）、“教育敏感性”和“教学机智”这些概念来描述教育教学的直接知识临场发挥作用的现象，包括如何在快速紧迫的时刻变化中、在教学的交往情境中应对学生。他认为：“机智是一种实践性知识，它在教学的行动中实现自身（成为现实）。作为瞬间和智慧的教育行动，机智在其真正的实践中是一种知识、一种实践的信心。这意味着教师所做的首先不是把理性化的思想反思性地变成行动，而是行动自己已经构成了一种知识，但这种知识不能总被理解成命题知识或认知理论。”（范梅南，2008）这种知识与个人整体的身体化存在、个人生活于其中的社会和自然世界较为接近，所以表现出身体化、情境化、关系性和情绪性等形式或特征。

在西方，除了上述几种研究教师实践性知识的路径以外，芬斯特马赫（G. Fenstermacher）就教师实践性知识的本质问题还进行过深入而系统的知识论分析。他认为，亚里士多德关于实践性判断的理论可以作为解释这种知识本质的根据（Fenstermacher，1994）。

在我国，陈向明教授是这一研究领域较早的开拓者之一。她在其论文《实践性知识：教师专业发展的知识基础》中写道：“教师的实践性知识是教师真正信奉的，并在其教育教学实践中实际使用和（或）表现出来的对教育教学的认识。”（陈向明，2003）在她后来的论文《对教师实践性知识构成要素的探讨》中，她又进一步完善了这个定义：

> 教师通过对自己教育教学经验的反思和提炼所形成的对教育教学的认识；教师对其教育教学经历进行自我解释而形成经验，上升到反思层次，形成具有一般性指导作用的价值取向，并实际指导自己的惯例性教育教学行为——这便形成了教师的实践性知识。（陈向明，2009b）

她还描述了这种知识的特征，指出：

> 教师实践性知识通常在具体的问题解决过程中体现出来，具有价值导向性、情境依赖性、背景丰富性等特性。教师实践性知识还具有行动性、身体化、默会性的特征，必须被“做出来”。虽然实践性知识隐藏在教师的整体经验之中，它能够被提炼为一种信念，这种信念将受到教师后续行动的检验，并指导他们的后续行动。（陈向明，2009b）

在随后的数年里，陈向明教授持续发表和出版了一系列关于教师实践性知识的论文和著作。在其著作《搭建实践与理论之桥：教师实践性知识研究》中，她更系统、全面和深入地展现了教师实践性知识的定义、内容类型、表征形式、构成要素、生成机制和发展媒介，并在为教师这个社会群体赋权的层面揭示了这种知识的“解放”潜质（陈向明 等，2011）。不仅如此，陈向明教授在这个领域中的国际贡献还体现在一项探讨教师实践性知识的伦理维度的叙事研究中。该研究以中国的一位女教师为个案，分析了她的伦理价值是如何引导她在复杂的教育环境中开展自己的教育实践的（Chen et al.，2017）。

以上众多有关教师实践性知识的观点，使这一概念的定义看起来相当复杂而难有定论，并且各个学派之间似乎也没有太多的对话和合作。笔者认为，对于教师实践性知识是什么，可能还会有各种各样的解读，而这可能会给这一概念带来更多的分歧和争议。走出这一僵局的路径可能不是建构一个完美的定义。走出这一僵局的一个可能的方法是从根本上对这种知识的类型有一个较深入和系统的理解，并提供一个区别于传统意义上的"知识"的合理解释，从而赋予"实践性知识"在"知识家族"中一个合理合法的地位。换句话说，我们依然需要从知识论的层面来明晰这种知识的属性。笔者想从知识论的层面来探讨教师实践性知识的另一个原因是：虽然我国教育研究界和实践领域对于教师实践性知识到底是什么已开展了探究，可是传统教育理论对这种"知识"仍然持保留态度，因为相对于传统的知识类型而言，教师实践性知识在被冠以"知识"之名时，其性质、合理合法性、构成和生成等引发了相当多的争议。这种知识和我们所熟悉的传统教育理论知识之间甚至还呈现出一种对立关系，引起许多争论。所以，在笔者看来，可能更迫切和更基本的问题是：应当如何理解"实践性知识"在知识类型中的地位？如何使这种理解有助于我们理解教师实践性知识的"身份"的合理性？这两个问题不仅涉及哲学领域的认识论或知识论问题，而且涉及教育学领域理论知识与实践性知识的关系问题以及背后的更大的教育理论与教育实践的关系问题。

本书的首要目的正是在知识论层面对"实践性知识"的本质做一个解释和分析。具体地说，笔者试图从杜威实用主义哲学的知识论视角以及与其相关的行动论视角，为"实践性知识"树立一个合理合法的地位。这不仅是因为实用主义哲学中诸如"行动""经验""互动"等概念直接涉及"实践性知识"的要素，而且是因为实用主义哲学作为近现代一个哲学学派在许多方面具有很高的认可度和接受度。以上的陈述也同时暗示，杜威的知识论与他的行动论是紧密联系在一起的。事实上，在杜威那里二者的确是统一在一起的，因而这里更全面的表述应该是杜威的知行合一观。

虽然实用主义哲学本身流派纷呈，但本书聚焦在杜威的实用主义哲学上，或更准确地说，聚焦在杜威的实用主义知行观上。这首先是因为，上面简要的文献考察表明，各个流派对“教师实践性知识”概念的研究都与杜威的实用主义哲学有着各种各样的渊源。不仅康奈利和克兰迪宁的有关教师在实践中的“经验”的概念主要来自杜威的“经验”理论，而且舍恩的“行动中反思”的概念也来源于杜威的实用主义哲学，而范梅南的“反思性思维”可与杜威的“反思”概念相比照。陈向明教授在其“实践性知识”定义中对“知识”的界定，也把杜威的实用主义知识观作为重要的理论源头之一。其次，众所周知，杜威不仅是一位实用主义哲学家，而且是一位教育哲学家，因而笔者试图考察他关于知识的论述是否与他关于教育的论述有关，特别是相对于教师教学以及教师教育的关系而言。在笔者看来，杜威的实用主义知行观对于认识教师实践性知识的意义，在于它提供了一种对知识的不同于传统的描述以及对人类能获取知识的方式的不同理解，而这些描述和理解都可以用来解释教师实践性知识的本质和属性。具体地说，其不同之处在于他在行动哲学的框架中看待知识问题和知识的获取。这一哲学以行动作为其最基本的范畴。杜威关于知识和行动紧密相连的观点，对于那些从实践角度研究知识问题的教育者和教育研究者来说非常重要。最后，尽管杜威的著作在这一领域频繁出现，但研究者似乎都以引用散落其著作中的零星论断为主，而鲜有人对杜威的知识论及其相关的行动论进行专门、系统和整体性的详细阐释。这激发起笔者对杜威的实用主义知识论与教师实践性知识的相关性进行系统考察的愿望。

本书的另一个目的是讨论教师的实践性判断（teacher's practical judgment）的重要性。教师实践性知识的合理性问题与认识论问题相关，但是教师实践性知识的产生和运用却与教师的实践性判断和实践本身密切相关。因此，对于教师实践性知识的产生和运用问题，需要更多地从“行动理论”出发来探讨，或者说从“实践理论”出发来探讨。但是，如上面所提到的，杜威的行动理论与知识理论是统一的整体，明智的实践与知识密切相关、密不可分。在杜威看来，对探究和实践具有关键作用的，除了实践性知识之外，还有实践性判断，因为实践性判断使明智行动（intelligent action）得以可能，也就是使“更好的实践”得以可能。因此本书的第二个目的强调教师的实践性判断的重要性以及它与实践性知识的配合，以使更好的教师实践得以实现。在完成这一步之后，笔者试图探索教师的实践性判断与教师教育的相关性——如果我们承认教师的实践性判断在教育实践中是举足轻重的。在笔者看来，教师的实践性知识主要是靠每位教师自己在实践中主动地进行实验性探究以及反思而获得的，很难通过教师教育者的直接传授而获得。笔者试图探索教师的实践性判断是不是“可教的”的这一问题，以及如果是可教的，如何通过教师教育来培养和加强教师的实践性判断。这成为本书的最后一个关注点。

综上所述，本书的目的是双重的，本书的内容则是关于教育理论的。这个研究的理论依据是杜威的实用主义知识论，或者说是杜威关于知识与行动的关系的理论，因此其理论资源主要来自杜威不同时期的大量原著。本书的形成还受益于比斯塔（G. Biesta）和波布尔（N. Burblues）的著作《实用主义与教育研究》（*Pragmatism and Educational Reserach*），特别是参考和引用了该著作中大量与本书主题极为相关的精辟阐述和论述。海尔布伦（R. Heilbronn）的著作《教师教育与实践性判断的发展》（*Teacher Education and the Development of Practical Judgment*）也为笔者撰写本书提供了大量灵感。当然古德森（I. Goodson）的叙事理论和特里普（D. Tripp）的《教学中的关键事件》（*Critical Incidents in Teaching*）一书也激发了笔者对本书主题的拓展性思考。

本书以如下结构和步骤展开论述与论证。在第二章中，笔者首先阐释了什么是实用主义哲学，然后解释了杜威实用主义哲学体系中的存在论与知识论，指出对于杜威的知识观要在其行动哲学的框架中来理解。行动与经验密不可分；知识与多种模式的经验中的一种——“认知性经验”相关。知识可以被视为认知性经验被符号化后的结果。认知性经验又可分为经历性经验和实验性经验，二者的区别在于前者多为“尝试-错误”后发现的结果，而后者中主动“思考”所占的比例更大，并以明智行动引导未来行动的方向。本书所讨论的实践性知识主要与后一种认知性经验相关。该章还指出实践性知识的获得是“识知”活动的过程，也就是“探究”的过程。

在第三章中，本书详细解释了探究的过程，从而具体呈现杜威关于“探究”与“知识”的关系的理解。探究是相对于问题情境而言的。探究始于问题情境，其过程与反思密不可分。探究分为概念性操作和实存性操作。前者包含在概念层面通过符号来解释问题情境，并形成解决问题的建议。在这个过程中包含多个明智的要素——观察到的事实、观念、已有的知识、理论、推理、想象以及判断等，它们共同配合，推动探究的进展。实存性操作主要是通过明智行动带来行动的后果，以验证对问题情境解释和判断的恰当性以及解决问题的建议的明智程度。

在理解了实践性知识产生的“机制”之后，在第四章，本书试图澄清三个与杜威实用主义哲学视角中的知识观有联系的概念：经验、意义和真理。该章不仅对这些概念进行了区分，而且分析了知识与它们之间的关系以及它们自己之间的关系。知识来源于认知性经验，认知性经验对行动者的价值即“意义”，而作为知识的“真理”在杜威那里始终是暂时的、情境性的，而不是像“心-物”二元论框架下的知识，即被视为固定的、不变的和确定的。然后，该章聚焦于杜威所主张的知识论在社会科学领域的运用问题。虽然杜威呈现给我们的知识的形成过程被打上了自然主义的标签，但它并不只适用于自然科学。

杜威认为这种知识的形成过程，在社会性实践中和在自然实践中没有太大区别。因此，杜威的实用主义知识论，也同样适用于属于社会实践的教育实践。杜威认为社会科学探究涉及的判断，不仅是涉及手段的判断，同时也是涉及所欲求的价值的判断。这点对教育探究而言不仅同样适用，而且非常重要。单就本书的主旨而言，杜威的知识论在解释教师实践性知识的形成过程方面，具有极高的相关性和恰适性。

在第五章中，笔者主要对杜威实用主义知识论的多个方面进行了反思，特别是针对它受到的一些质疑做了回应。笔者首先再构了杜威知识论中"知识"概念所表现出的特征：在杜威的框架中，知识的对象是过程，其知识观中存在多层关系，这种知识是建构性的，这种知识也是反思性的；最后，这种知识还是功能性的，或者如杜威所说是工具性的。基于这些认识，笔者回应了几个方面的质疑。这些质疑包括：杜威关于知识的"工具主义"与西方的所谓"工具理性"是一回事吗？杜威知识观中的知识是否完全是个人知识或者说是主观性知识？杜威知识观中的知识是否只对个体起作用而无法普遍化？如果是的话，这会不会导致一种"相对主义"？最后，杜威是怎样看待理论与实践的关系的？

第六章回到本书的主题之一，总结性地讨论杜威实用主义知识论与教师实践性知识的相关性问题。第一，在杜威知行合一观的视角下，行动生出知识，知识生出行动，这一过程在经验中往复循环，生生不息。这一过程不但呈现出知行合一的实在（reality），而且表明一种实践性知识的实存（existence）。教师实践性知识也是这种知识实存中的一种类型，这种知识也体现在医生、律师和社工等专业类型中。第二，杜威认为实践中的手段和目的彼此相连、互为依存，因此杜威指出社会性探究的任务应把有关探究的判断放在"手段-目的"的关系框架中。并且更为重要的是，在杜威看来，手段与目的都是价值有涉的——这点与教育实践极为相关，因为，我们都知道在教师实践性知识的生成与运用过程中，不可能没有价值的参与和对价值的判断。这意味着教师实践性知识也内含杜威意义上的知识与价值合一的观念。第三，杜威的知识论框架中的“实践性知识”不是主观主义的，也不是客观主义的，而是主体间性的和建构性的。这表明教师实践性知识并不完全是个体主义的和主观主义或绝对个人化的。通过交流和参与，实践性知识也可以是民主的和共有的。第四，在实践性知识的形成过程中，行动者想实现的明智行动的目的，包含行动者作为一个人所具有的欲求价值、向往和兴趣，在这个意义上，这种知识具有人本主义特征。第五，杜威的知识论呈现了一个不同于当下的对理论与实践的关系的理解，会使教师在各自的实践和探究中获得更多的能动性和自主性，并提升教师对自己的专业身份的认同感。

第七章开始进入本书关注的第二个目的。这一章主要讨论了教师实践性知识与教师实践性判断的密切关系。在前面关于实践性知识的理解的基础之上，该章提出了实践性知识的运用问题。对实践性知识的运用的分析，让我们看到实践性判断的重要性。这促使我们进一步分析实践性知识与实践性判断在反思性实践中的关系是怎样的。在杜威看来，二者在反思性实践中具有不同的功能，却彼此配合。实践性知识为未来的实践和不确定的情境提供解决问题的资源和工具，而实践性判断发挥的是“运用”和“选择”资源的功能，从而为行动引导方向，为行动计划赋予意义，使个体更加明智地开展反思性实践。只要人们向往更好的实践，二者之间的配合就会循环往复，没有止境。这对于理解教师的教学实践和教师教育来说都具有非常重要的启示。如果说，前面各章关注的实践性知识的合理性问题需要在认识论层面来寻找答案，那么教师的实践性判断的重要性，则需要在实践论层面通过看教师是如何“做出”或“创造出”更好的实践来证明。对于这个问题，讨论的起点和侧重点应该是实践及其对实践的判断，而不再是知识。为此，我们先要从杜威知行观的理论视角出发系统探索一下杜威是如何理解实践性判断的。

因此，在第八章，本书围绕杜威在不同著作中关于实践性判断的论述，梳理和重构他关于实践性判断的整体性理解。从杜威的著述中可以看到，实践性知识与实践性判断有一种紧密的关系。我们显然不能把二者等同起来，而是应该把二者视为在反思性实践中紧密合作的同伴和盟友。并且，在二者的关系中，实践性知识服从于实践性判断。为了进一步理解实践性判断在教师的教育实践和教学实践中的角色，这一章系统地梳理和重构了杜威关于实践性判断的理论。在提供了对杜威关于实践性判断的理论的阐释之后，该章探讨了实践性判断在行动中的角色，然后着重阐释了实践性判断与价值的关系。该章特别对亚里士多德和杜威关于实践性判断的认识加以比较，从而突出杜威对亚里士多德关于实践性判断的观念的继承、发展和超越。最后，该章还在理解实践性判断的基础上，初步考虑了杜威关于实践性判断的认识对教育和教学实践的启示。

在第九章，本书指出，如果教师的实践性知识的运用离不开他们的实践性判断，那么教师的实践性判断和教师的实践性知识一样，对教育和教学实践也极为重要。这进一步意味着在教师教育中关注和培养未来教师的实践性判断是极为必要的。于是，在深入和系统探讨杜威的实践性判断与教师教育的必要联系之前，这一章阐述了当前世界各国流行的三种教师教育模式，即能力本位的教师教育、标准本位的教师教育和证据本位的教师教育，批判性地分析了三者的共同问题，即缺失对教师应该具有的实践性判断的培养。接着，该章详细阐释了杜威的教师教育观，论述了杜威的教师教育观强调师范生的主动性、独立的明智和反思性，而这恰恰弥补了三种教师教育模式中的重要缺失，而且重构了一种独特的教师教育模式。

在第十章中，在前面提供的杜威对实践性判断的认识的基础之上，笔者主要讨论了教师教育如何培养和加强教师实践性判断的问题。培养教师实践性判断的重要性在于它是明智地解决教育实践问题的关键所在，也是从教师实践性知识到教师明智行动的核心环节。教师实践性判断不仅为下一步的行动提供了方向，而且为下一步的行动赋予了意义。也因此，教师实践性判断对教育教学实践的走向至关重要。这意味着教师教育不能不关注教师实践性判断的养成、发展和加强。

教师实践性判断的可教性虽然存在争议，但是众多教育学家已经从理论和实践层面支持了教师实践性判断的可教性，甚至为教师教育培养教师实践性判断提供了方向乃至具体的建议。这些方向和建议的理论根据虽然来自西方不同哲学流派中反思实践的不同传统，并且也从杜威的行动哲学出发阐发了实践性判断与教师教育的关系，但是都显得不够深入、充分和系统。有鉴于此，该章在对前面各章内容进行阐发的基础上，深入讨论了杜威关于实践性判断的思想与教师教育的联系。从杜威那里我们看到，教师教育对教师实践性判断的培养，需要的是让教师“在做中学”，即让师范生和教师学员在教学实践活动中通过自己真正地“做”实践性判断而发展实践性判断，以此作为生成实践性判断的“自然”路径。随着操练实践性判断的次数持续增加，教师做实践性判断的本领，就像演奏家通过不断演练而成就的技艺一样，会日益精湛。其次，对生成实践性判断的经验进行常规性的反思也是必要的路径，这不仅是为了形成和丰富教师自己的“判断经验”的宝库，还是为了让教师通过“反思”自己的“判断经验”而学习“判断的成败”，从而让他们能够不断改善自己做实践性判断的本领。然而，类似前面杜威对实践性知识的个体主义的回应，教师实践性判断也不是绝对个人经验意义上的判断——特别是当教师需要在教育实践中做一些集体性和公共性的决定的时候。这个时候，杜威的交流理论再次为教师教育提供了思想资源，即让教师参与共同关注的关于实践性判断的学习共同体，在一起交流彼此的经验。这不仅可以调适和丰富教师各自关于教师实践性判断的经验，而且可以使他们最终就教育教学的共同理解及判断达成某种共识。

最后，第十一章，也就是结语部分，回顾了本书的主要内容，重申了教师实践性知识的知识属性所具有的合理性，并强调了让教师实践性知识得以明智产生、运用和不断更新的实践性判断的重要性。该章强调杜威所理解的实践性判断不仅包含对手段的判断，而且包含对目的的判断，同时二者之间具有彼此联结、相互作用的关系。这对教师实践性判断概念的构建具有非常重要的启示，即教师实践性判断既是关于教育手段的判断，也是关于教育目的的判断。在杜威的实践性判断观念中，手段和目的中的价值具有不可或缺的作用，并且判断也对价值本身进行着调适和引导，而这具有重要的教育方面的意义。但是更值得注意的是，杜威所说实践性判断中的价值并不只局限于道德价值，对杜威而言，价值是多样的价值。这意味着，在教师的实践性判断中，需要参与其中的不仅是道德价值，而且是多样的价值，特别需要注意的是，也包含教育性价值。

本书涉及的是关于教师实践性知识和实践性判断的一项理论研究。尽管实证研究似乎更为“科学”，但我们往往会从中得到更多的“是什么”，即对实然的描述，却很少讨论可替代的或让人向往的教育实践。循证研究貌似给教育实践提供了“什么会起作用”的证据，但教育实践的不确定性常常能轻易地推翻那些证据。政策研究也许更容易受到教育管理者的青睐，但教育实践所固有的特性不能完全靠日益加强的微观管理来体现。我们所需要的是教育研究取径的多样性，从而可以在各种研究之间取长补短。在笔者看来，教育理论研究不仅使教育实践中的概念得到澄清，而且为教育实践贡献了思想，可以让教育实践者的行动成为经过仔细思考和取舍而采取的行动，从而让不同的教育实践的可能性得以出现。在这个意义上，我们需要教育理论研究回答“什么是可能的”。

第二章 杜威的实用主义知识论与知识的形成

对一个经验的价值的估量，在于对这个经验导致的多种关系的感知或多种连续性的感知。一个经验包含了认知，在于它是累积性的或等同于某物，或拥有意义。

——约翰·杜威《民主主义与教育》

本书在导言中已经提及，教师实践性知识的类型和属性，从传统的知识论的立场来看，面临着质疑：这种知识的合理性在哪里？它与传统的知识观有怎样的关系？这种知识在多大程度上可被视为真理，因而是可信的？如何理解这种知识被加诸的个体主义特征？等等。本章主要论述，从知识论的层面来解释教师实践性知识的知识类型，能够从根本上"合理合法化"这一知识的知识类型。杜威的实用主义知识论恰恰为我们提供了一个恰当的知识论视角。本章的目的是为后面各章的讨论做好准备，特别是为在理论层面合理合法化教师实践性知识做准备。

在简单介绍杜威的实用主义哲学后，本章将主要讨论这一哲学中的知识论，然后将扼要呈现这一知识论框架下知识形成的过程，最后将简要分析经验与知识之间的关系、知识形成的条件和杜威意义上的知识的特征。必须指出的是，杜威的知识论是在他的行动哲学的框架下发展而来的，也就是说杜威的知识论与他的行动理论是统一在一起的，而不是二分的。本章只是为了突出实践性知识的知识本质，所以才着重考察和分析杜威知行合一观中的知识论维度。

一、什么是实用主义？

我们的讨论将以杜威的实用主义哲学为理论来源，所以有必要先从总体上了解一下什么是实用主义。首先，实用主义是起源并盛行于美国本土的一个哲学流派。它大约出现在19世纪后半期。“实用主义”对应的英文单词“pragmatism”是从希腊语单词“πραγμα”派生出来的，该词在英文中意为“deed”，即“行动、行为”。这个词最初由美国自然科学家和哲学家皮尔斯（C. Peirce）在其作品中使用（Peirce，1905）。皮尔斯是这样解释这一哲学的：“考虑一下，我们想象我们的观念对象可能产生什么样的效果，而且那样的效果可能会产生什么实际的意义。那么我们有关这些效果的观念，就是我们对这个对象的观念的全部。”（Peirce，1992［1878］：132）但他后来改用“pragmaticism”来代表他的哲学，“pragmatism”则被其他著名的实用主义哲学家所借用，包括詹姆斯（W. James）、席勒（F. Schiller）和杜威。他们都以自己的方式把实用主义发展为一种关于真理的理论（a theory of truth）。比如，詹姆斯宣称：“只要观念有助于我们与我们经验的其他部分建立令人满意的关系，这些观念就是真的。”（James，1975［1907］：34）这一哲学流派后来得以流行，主要是借助了詹姆斯和杜威的著作。也因此，皮尔斯、詹姆斯和杜威三个人通常被公认为实用主义哲学的创始者。

除了需要对实用主义哲学的历史有些许了解外，我们还需要知道，并非只存在一种实用主义。实用主义哲学出现之后，就衍生出许多不同版本的实用主义，所以给它一个精准的定义是非常困难的。然而，这并不意味着被冠名实用主义的哲学流派就没有共同特征。关于实用主义的概念，塞耶（H. Thayer）曾这样写道：

> 当像皮尔斯所认为的那样，概念化本身具有目的性，或者像詹姆斯所认为的那样，观念具有目标性，或者像杜威所认为的那样，观念等同于工具，那么这些学说的方法论原则表示的就是对某个情境中的某个行动的分析……，因此对于实用主义者来说，意义指向行动发生的一般情境或环境，无论所指有多远。（Thayer，1968：429）

鉴于本书的目的不是探讨实用主义的定义和流派，笔者只对实用主义做一般意义上的理解。这里笔者采纳美国《韦伯斯特英文词典》对它的定义，以帮助读者对这一哲学流派的内容有一个总体上的理解："由皮尔斯和詹姆斯在哲学领域发起的在美国的一次运动，其学说主张观念的意义要在其实际的关联中探寻，思想的职能是引导行动，真理主要靠信念的实际后果来验证。"（Merriam-Webster，2021）由此可见，实用主义哲学是以"行动"为其探究对象的，所以实用主义哲学有时也被冠以"行动哲学"的称呼。虽然这个定义中没有提到杜威，但是实际上，杜威被广泛地认为是这一哲学流派的重要代表人物之一，并且他作为实用主义哲学的集大成者也是无可争议的事实。尤其值得我们关注的是，杜威在行动与知识的关系方面进行了系统的研究和论述，而且有专门的著作。在本书中，笔者将聚焦于杜威的实用主义哲学，特别是聚焦于他的实用主义的认识论和知识论以及与其相关的行动理论。

杜威在行动与知识的关系方面进行的系统而具有开创性的研究，是我们试图理解"实践性知识"这一概念时不能也不应忽略的。同时，在教育史上杜威作为一名重要的教育学家的身份，也促使我们考察他持有的知识论与教师实践性知识是否具有相关性，如果有，那又是一种怎样的联系。这正是我们在下面要具体讨论的内容。

二、杜威实用主义哲学中的存在论

在西方哲学史上，法国哲学家笛卡儿提出“心-物”二元论的哲学原理，由此带来了主体和客体二分的框架。这一框架深深地影响了西方近代哲学的存在论（ontology）和认识论（epistemology）体系。这还导致现代科学机械存在论认为，世界是独立于人的意识之外的，有关世界的知识就是独立于意识之外的世界的客观呈现。而这又带来了意识-世界二分的知识论框架。这一框架认为人类获取知识的方式与人类的意识如何接触独立于意识之外的客观世界有关。杜威反对这种传统，提出了一种可替代的框架。他论述的获取知识的方法超越了意识与世界二分的传统方法。他的方法是把二者纳入“一个未经分析的整体”（an unanalyzed totality）中（Dewey，1981[1925]：18）。他指出，科学家们“起初都是从粗糙而未经分析的经验材料（the material of unanalyzed experience），也就是从我们生活着的、遭受着的、行动于其中的和享受快乐的‘常识’世界（‘common-sense’world）开始考察的”（Dewey，1929：173）。这种方法被一些实用主义学者称为交互性取径（transactional approach）（Biesta et al.，2003：25）。因此，杜威的互动论观点超越了传统的主客二分知识论，不是先假设已经存有主体和客体，然后再讨论它们如何能在识知（knowing）行动中相遇和相互发生作用，而是考察“如何且为什么一个运动的整体被分割为主体和客体、自然与精神层面的运作”（Dewey，1981[1925]：19）。在杜威看来，“实在”是生物在生物-环境的互动中“经验”出来的（这种互动本身的）一个功能，也就是使这种互动继续进行的一个部分或一个工具。因为这个

"实在"存在于人的意识之外，所以杜威的实用主义哲学的存在论可被认为是"实在主义"（realism）的。但是，又因为这个"实在"是通过"互动"而产生的，所以，确切地说，杜威实用主义哲学的存在论是"交互性实在主义"（transactional realism）的(Sleeper，1986)。

三、杜威实用主义哲学中的知识论

由于杜威的知识论不是在传统的存在论的框架下讨论的知识论，所以杜威很少用认识论一词讨论他的知识论，而是偏爱用其他词语表述，如知识理论（theory of knowledge）、识知理论（theory of knowing）或探究理论（theory of inquiry）。杜威持有的"交互性实在主义"的存在论，决定了他对知识的看法。他认为人类不必到"知识"那里获得对"实在"或者真实世界的掌握，人类所经验的世界就是真实的世界(Dewey，1929：295)。杜威超越了在意识-世界二分对立的框架中理解和获取知识。他对知识的解释是在人类行动的框架下进行的，确切地说，他是在人类与其环境的无限持续的相互作用的框架下看待知识的（Dewey，1929：291)。杜威认为人类行动总是人作为元素和自然环境之间的相互作用，也就是互动（interaction）（Dewey，1983［1922］：9)。他后来用"transaction"（交互作用)，而不是"interaction"来表述互动过程。"interaction"的含义突出互动的各自独立的实体，表示一个事物和另一个事物在因果关系中得以协调（thing balanced against thing in causal connection）（Dewey et al.，1990［1949］：101)。"transaction"的含义则把过程放在首位，并把主、客体之区分或生物体与自然之区分当作从交互作用过程中浮现的功能性区分（functional distinctions)，而不是当作认识世界的起始点（Biesta et al.，2003：26)。这种交互作用是生物体和自然环境（包括社会环境）之间的自然互动，其过程是积极的，具有适应性和调整性的特征。通过这种交互作用，生物体与不断变化的环境保持着一种动态的平衡。在杜威那里，“交互性实在主义”的存在论对应的知识论是建构主义（constructivism），也就是说，有关“实在”的知识是通过“生物体（主体）的建构”而得到的。但是，杜威强调，这种建构不单单是由人的“意识”创造的建构，而且是在“生物体-环境的互动框架”中的建构。不断建构的结果正是生物体与环境之间的动态平衡，表现为环境和人类行为模式的具体变化。因为这种视角下的知识既基于“实在”，又是一种“建构”，所以杜威的“交互性实在主义”对应的是“交互性建构主义”（transactional constructi vism）的认识论或知识论（参见 Biesta et al.，2003：11）。

四、行动、经验和探究

从上面可以看到，杜威的认识论中所涉及的知识论是在行动范畴内讨论的，那么知识是怎样通过行动而形成和获得的呢？在杜威看来，虽然生物体一直在接触着环境，但是这并不是说有关世界或“实在”的知识会自动显现出来。不同于事物间自然发生着互动，人类行动是人作为元素和环境之间的互动的一种模式。只有生物体通过自己的意向发出的动作，才是行动；只有通过行动，“实在”才会显示出来。（Dewey，1983［1922］：11）杜威指出，人类最初是通过行动而“知道”某事的，而不是通过符号（如文字）。环境是指人所处的各种条件，包括自然环境、社会环境，例如事物、其他人等。个体的需要、欲求、目的和能力与这些条件进行互动而形成经验（Dewey，1997a［1938］：44）。

人类通过与环境的互动，通过努力与环境保持一种动态的平衡与协调，渐渐发展出各种行动模式，杜威称其为习惯。习惯的获得过程是人类活动中的“尝试-错误”（trial and error）的过程，故而也来自经验。如杜威所说：“习惯的要旨是针对某种方式或模式的反应而获得的倾向性……，对某种类型的刺激的特殊敏感性和接受性，长久的偏好和厌恶，而不单纯是具体行动的重复。”（Dewey，1983［1922］：32）习惯的基本特征是，每种施加与遭受过的经验会改变一个人，而这种改变会影响这个人的未来的经验（Dewey，1997a［1938］：35）。因此，在相同的环境下，不同的生物体未必产生相同的习惯。在杜威看来，行动总是互动，生物体怎样回应还取决于它以前获得的习惯，所以杜威说：

> 任何习惯都是行动的一种方法或方式……，当它被表达时，它成为……一条规则……或者行动的“律法”。不能否认的是，存在推断性的习惯，并且它们被表达为规则或原则。如果存在这样的习惯——它们在开展每个成功的推断性探究时都是必需的，那么对它们的表达就会是所有探究的逻辑原则。（Dewey，1986a［1938］：21）

而且，习惯可以被看作意义的统一性基础（organic basis of meaning）。杜威没有把意义当作我们通常理解的精神层面的东西，而是把它当作生物的一种“行为属性”（a property of behaviour）（Dewey，1997a［1938］：141）。意义的形成基于习惯，也就是基于协调的情境（situation）。对于一个协调性被中断的情境，生物体找到一个回应使其恢复协调，就意味着那个情境对于个体的“意义”清晰起来。杜威使用“情境”一词表达生物体、环境在某种时空中互动的情况。可以说，情境既含有生物体“内部”的成分，又含有生物体“外部”的成分；或者按更通用的说法，既含有“主观”成分，又含有“客观”成分。（Dewey，1997a［1938］：42）

由于杜威所说的“知识”是联系（人类）行动范畴来讨论的，所以这种类型的知识与人的经验密切相连。概括地说，在杜威那里，知识是人类通过经验而获得的认知意义上的一切事物。“经验”在杜威那里表达的是生物体与其环境之间的互动过程。这表明经验本身具有双重关系（double relationship）。这种关系在杜威给经验的一个定义中表达得非常清楚：“生物体根据自身简单或复杂的结构而行动，并对其周遭环境产生作用，这导致环境发生的变化反作用在生物体及其活动上。如此，生物体经受或遭受它自己行动的后果。这种在‘做’与‘经受或遭受’之间的紧密联结形成了我们所说的经验。”（Dewey，1982［1920］：129）这种互动过程中的主体或客体即生物体或环境的区分不是先于互动过程而存在的，而是在一个没有分析过的“整体”内部的交互作用中，因生物体关注的问题而浮现出来的。这个整体就是“自然”（包括自然环境和社会环境）中“各个相互作用的部分组成的持续变动的整体”（moving whole of interacting parts）（Dewey，1929：291）。所以，各个互动体是从各种交互作用过程中因解决问题的需要才区分出来的，因而那种区分是一种功能性区分。当然，人类的经验与其他生物体的经验有不同之处，人类的经验总是被文化所影响。文化可被概括为人类行动和与所处环境互动的结果，比如语言、礼仪、仪式、宗教、艺术和技术等等，这些都可视为不同模式的经验生成的结果。杜威甚至说，如果用“文化”一词而不是“经验”一词，那么他自己将会被少误解一些（Thayer，1968：173）。所以，在社会领域，或者说就我们关注的教育领域而言，杜威所说的“经验”较多地被理解为个体所具有的社会性和文化性经验。杜威还专门著书讨论过经验与教育的关系，并指出具有教育性的经验应具备两个条件：持续性和互动性（Dewey，1997a［1938］：33）。

这里特别需要我们关注的是，杜威专门系统讨论了经验与知识的关系。杜威所说的知识并非来源于泛泛的经验，而是来源于一种特别模式的经验，即认知性经验（cognitive experience）。之所以是“认知性经验”，是因为：

对一个经验的价值的估量，在于对这个经验导致的多种关系的感知或多种连续性的感知。一个经验包含了认知，在于它是累积性的或等同于某物，或拥有意义。(Dewey，1997b [1916]：140)

在杜威看来，经验是“作为一种由‘做-受-做’的联结而构成的互动过程（interaction）……。当二者（做与受）的联结被表达出来时，就产生出了独特的认知性经验”（Dewey，1988 [1939]：17）。杜威还区分了从“尝试-错误”中获得的认知性经验和通过“实验法”而获得的认知性经验。前者是一种没有目的的偶然所得，杜威称其为经历性经验（experience as empirical）；后者是人类通过操作，系统探究行动条件和行动结果之间的关系而获得的经验，杜威称其为实验性经验（experience as experimental）。（Dewey，1929：81）“思考”或“反思”在两种经验中占的比重明显不同。本书中探讨的教师实践性知识主要基于后一种经验，也就是反思的参与比例较高的认知性经验。

可是认知性经验是如何形成的呢？在杜威那里，认知性经验来自识知（knowing）的过程，而识知来自探究（inquiry）的过程。杜威认为：

探究是控制性地和引导性地把一个不确定的情境（indeterminate situation）转变为一个确定性情境（determinate situation）的过程。这种确定性体现在能确定地区分新情境的构成部分，并能确定地知道使得原初情境中的各个要素转变为一个统一协调体（情境）的各种关系。(Dewey，1986a [1938]：108)

在探究过程中，杜威较多地用“识知”一词，而不是“知识”一词，因为他认为知识是在行动中产生的结果，而识知鲜明地指向和表达“探究的过程”(process of inquiry)。在杜威看来，识知是众多经验模式

(modes of experience) 中的一种，而且是一种支持人类行动的经验模式 (Biesta et al.，2003：30)。它是探寻行动及其后果 (consequences) 之间的关联并重新组合行动的过程。可以说，识知的过程是一种认知性经验。认知性经验在行动和行动后果之间建立了一个意义。由此，知识的形成孕育在探究的过程中，知识是从探究过程中经由识知浮现出的认知性经验的结果。在杜威看来，知识具有的职能是“把中断的和不稳定的情境转变为能控制的和重要的情境”，所以“在（获得的）知识里，（曾经的）原因变成了手段；（曾经的）结果变成了后果，并且事物因此具有了意义”。(Dewey，1929：296)“控制”(control) 在此不是指完全的掌控，而是指明智地计划和引导人类行动及其后果的能力。这种能力对于我们面临的不确定的情境具有关键作用。

那么什么是明智 (intelligence) 呢？在杜威看来，明智是开展有目的的行动时心智的运用。他说：“有目的的行动和明智地行动是一件事。预见一个行动的终点，就是有一个进行观察、选择以及处理对象和调动我们自己能力的基础。”(杜威，1990：109) 杜威的实用主义哲学“把智力看作经验材料通过行动而进行有目的的改组”(杜威，1990：339)。明智与判断相关，一个明智的人是能做出好的实践判断的人。正如杜威所说：

> 一个人之所以是明智的，并不是因为他有理性，可以掌握一些关于固定原理的根本而不可证明的真理，并根据这些真理演绎出其所控制的特殊事物，而是因为他能够估计情境的可能性，并能根据这种估计来采取行动。在广义上，明智的特征是关于实践的，正如理性的特征是关于理论的一样。只要明智运行，某些事物就以它们能够预示其他事物的迹象而被判断着。(Dewey，1929：213)[①]

① 段中着重号为本书作者所加。

杜威认为，生物体能够与其环境建立和保持一种动态和协调的互动。通过这个过程，生物体的倾向性更加集中和具体。在杜威那里，知识是关于行动和行动后果的关系的认知，那些关系能决定事物在特定情境中的适宜性。如此，这样的知识就类似一种工具，可以用来帮助个体控制正在或将要经历的其他事物，其价值体现在其效能的程度上。同样，明智也有强弱或高低的程度之分。

五、从探究到知识

在杜威看来，探究的过程源于出现了不确定的情境，导致生物体与环境的协调和互动无法持续。这就需要考察这个不确定的情境意味着什么，也就是它的意义是什么。这就需要行动者观察事实、参考相关的已有的知识、观念和理论，以便做出充分而适当的回应。所以，在探究过程中，人类会将已获得的知识作为资源，对问题情境进行观察和思考，考量（deliberate）行动之前的建议（suggestion）或假设（hypothesis），并进行明智的（实践性）判断，以便做出（按照某种行动建议）行动的决定，获得期望得到的后果，最终证实建议的有效性。

重构协调情境的过程来源于习惯、冲动和感知（perception）等要素之间的配合。对不同或多个系列的行动路径进行系统探索，就会经历不同的过程，这就是杜威所说的考量，即“看出不同系列的行动是怎样的状况的实验。它是一种对所选的习惯和冲动进行不同组合的实验，以便看出最终的行动是怎样的”（Dewey，1983［1922］：132）。换种说法，考量是通过想象（imagination）（而不是明显行动）进行实验，即类似于我们所说的思想实验（thought experiment）。所有这一切正是杜威所说的“反思性思考”（reflective thought）的过程。

反思性思考是“（在想象中的）对不同系列而又彼此竞争的行动

进行的激烈排演”（Dewey，1983［1922］：132）。杜威这里所说的考量是一种反思性思考，包括推断（inference）和（实践性）判断（judgment）（Dewey，1929：109）。推断是从一件事物的意义指引向另一件事物的意义的过程（Dewey，1909：26），而（实践性）判断是

> 为了产生一个后果，对手段进行的选择和安排以及对目的（purpose）的选择……。只要有“明智”参与，我们就根据事物指向其他事物的能力而对其进行判断。（Dewey，1929：213）

因此，推断与（实践性）判断的细微差别似乎在于后者有“明智”的参与。

在杜威看来，结果（end）是由冲动（impulse）和欲望（desire）发展而来的，或者传承亚里士多德的说法，是“经过考量的欲望”（deliberate desire），因而包含“想要追求的价值”（desired value），但这并不是冲动和欲望本身。这里的“结果”是预见中的结果（end-in-view），是对行动后果的前瞻。好的结果或明智的结果要求明智的参与，而明智要求（实践性）判断的参与。在个体的冲动与其他可能的行动趋向（possible tendencies to action）联结而形成更全面统一的行动计划之前，思考的功能是阻止冲动。杜威指出：“要明智，我们在制订活动计划时必须‘停停、看看、听听’。”（杜威，1990：109）那些行动趋向包括明智的操作：（1）使用感观对客观条件进行观察；（2）对过去类似情境的知识的回忆以及对已有知识和信息的收集。因此，思考通过观察与记忆的联合，控制了冲动，同时也延缓了行动。这一联合构成了前面提到的（实践性）判断，成为反思的核心（Dewey，1997a［1938］：64）。（实践性）判断指向（基于此联合而）可能会发生的事物。所以，杜威眼中的“思考”，可以说是以（思想）实验性的方法建立或重建协调的互动。在这一过程中，生物体处在一种“学

习”的过程中。这种“学习”不是生物体对已存在的信息或技能的获得，而是生物体通过与情境的实验性互动，对如何行动的意向有所获得（Biesta et al.，2003：37）。

这里可能会被追问的问题是，思考在实验性经验中的作用如此重要，那么思考何以可能呢？杜威认为思考要依靠符号（symbol）才能进行。“通过符号，我们不必行动而实际上行动着。也就是说，我们通过符号进行实验，并产生符号性的后果，而不需要我们承受真实与存在的后果。”（Dewey，1929：151）使用符号的能力来自何处呢？杜威从自然主义的视角来解释这一问题，认为我们使用符号的能力不是与生俱来的，而是后天习得的，是偶然被触发出来的一种人类可能性（human possibility），并作为一个副产品被有意识地使用着（Dewey，1929：151）。因为思考过程是“实验性”的，考量不能保证对不确定情境所做出的回应必然会成功，但是可能会使选择过程更加合理或明智。但杜威同时强调，考量不能完全基于不同系列行动的后果，因为这些后果既无法被获知又不能被精确预测。所以，这里的关键不只在于判断哪个系列的行动后果是值得追求的（desirable），还在于判断哪个系列的行动在特定情境的条件下是可能的（possible）。

判断有关解决问题的建议是否合适或明智要通过行动印证，这是探究的另一个关键阶段。尽管思考和计划能使我们的决定更加明智，但最终是否如此，需要在行动领域中找到答案。我们必须行动，以便发现建议性回应是否真正适合我们参与的情境。如果行动确实取得了期望得到的后果，一个和谐的情境就被创造出来了。识知的过程于是生成了认知性经验，其后果会以“知识”的形式存入行动者已有的知识库或知识网络中。如果行动没有取得预期的后果，则还需要继续探究。这一过程循环往复，无法终结，因为问题总会持续产生（见图2-1）。

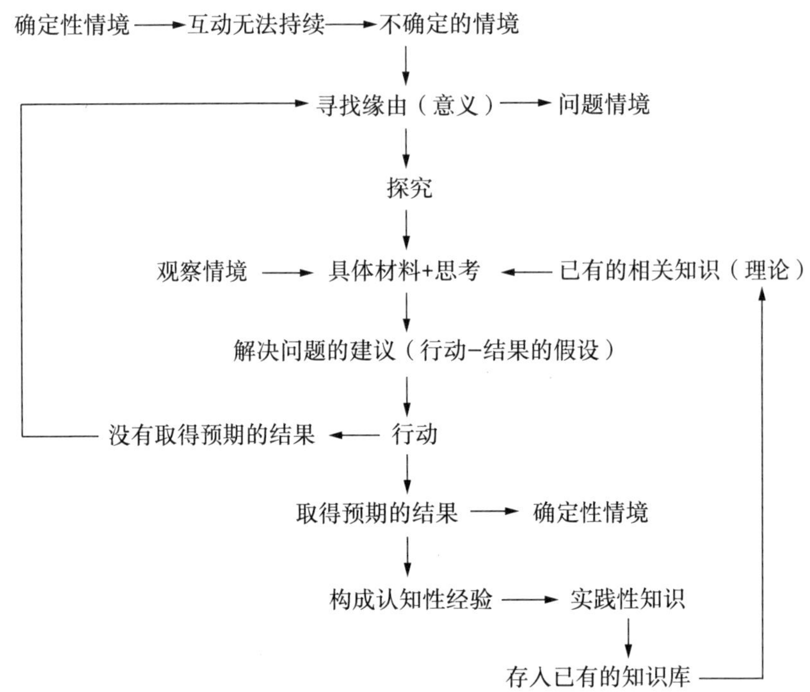

图 2-1 杜威实用主义知识论中知识形成的过程

六、总结

在这一章中，笔者对杜威的实用主义知识观，从其存在论到认识论的背景做了一个总体阐释。为了较为准确地理解这一知识观，笔者对涉及的关键概念做了一些初步的解释。然后，笔者简要揭示和描述了在杜威的知识论视角下知识的形成与获得过程。从杜威持有的知识论中看到的知识形成的过程表明，人类与其所处环境的协调的互动中断后，需要恢复原有的动态平衡，而唯一的手段是采取合适的行动。要有合适的行动，先需要思考是什么原因导致了不确定的情境，即获得解释这个不确定的情境的意义，以便建构出一个解决问题的建议。于是，探究开始了。人类观察到的情境中的事实成为材料。人类还需要在概念层面靠符号思考出解决问题的措施以作为观念或建议（包括以已有的观念、知识和理论作为引导），同时通过运用思考（考量）来“演习”不同的行动计划，力求使自己的行动更加精确和明智。材料和思考（包括已有知识的参与）的合作产生出行动的建议、观念或是假设，而假设表达了行动和后果之间的一个关系。

建议中的各要素的关系与实存世界中各要素的关系是否对应一致，要通过将建议性的行动付诸实施才能知道。如果行动确实取得了期望得到的后果，一个和谐的情境就被创造出来了，于是行动者就得到了认知性经验，其结果会转化为实践性知识存入行动者已有的知识库(包括与已有的理论知识整合)。这些知识作为工具，通过明智，会参与到反馈和指引未来的行动中去。如果行动没有取得预期的结果，则还需要继续探究。同时，实践中不断出现的问题，会使这一探究过程循环往复，永续不止。

可以说，这种知识不仅来源于实践中的实际问题，而且是通过实践作为实验手段而获得的知识，并且在以后的行动或实践中被作为工具而调用。在这个意义上，这种知识类型可被称为“实践性知识”。它不仅使持续探究获得了引导资源，而且通过参与到明智手段中使实践获得改善。在下一章，笔者将着重和详细分析杜威实用主义视角下探究与知识的关系。

第三章 理解探究与知识的关系

探究是控制性地和引导性地把一个不确定的情境转变为一个确定性情境的过程。这种确定性体现在能确定地区分新情境的构成部分，并能确定地知道使得原初情境中的各个要素转变为一个统一协调体（情境）的各种关系。

——约翰·杜威《逻辑：探究的理论》

在上一章中，笔者从总体上解释了杜威实用主义知识论涉及的主要概念，这为论述杜威实用主义视角下知识的动态形成过程做了准备。在杜威的知识论中，知识形成的过程就是识知的过程，就是探究或认知的过程。为了更准确、深入地理解这种知识的形成，我们有必要对形成过程做一个较为系统和详细的分析。

一、杜威实用主义知识论框架中的知识特征

从上一章的论述中我们可以看到，“探究”作为一种行动模式在

杜威所认为的知识形成过程中是不可缺少的角色。探究的重要性，主要体现在杜威的知识概念与传统的知识概念的区别中。本章力图从以下三个方面来阐释这个区别。

第一个区别是获得知识的方法不同。传统上，我们所说的知识通常是通过符号获得的已有的信念、信息或技能等，是从权威（包括书本、专家等）那里吸收的对“实在”的呈现，有教条的倾向性。杜威则认为知识是通过人类的行动获得的，知识与探究行动有紧密联系。在杜威看来，知识是探究的“后果”，因为它是对过去发生事件的结论。根据教育哲学家比斯塔和波布尔的诠释，在杜威的一些著作中，杜威就把探究的概念性后果指作知识。杜威这样写道：“凡让人满意地终止探究的就可以界定为知识；它之所以可被称为‘知识’，是因为它使探究过程适宜地结束了。”（Dewey，1986a［1938］：15）

第二个与传统中理解的知识有所区别的地方，在于杜威的知识观对知识中的理论维度的理解。传统上认为知识主要与理论有关，就是说知识应具有确定性、普世性和恒久性。但是，在杜威看来，“知识”作为通过探究获得的结果是具体的、有情境性的、暂时的。知识在这样的描述下总是有时间性的。它对将来类似问题的解决不具有确定性，而是具有可能性。因为要使遇到的问题得以解决，还取决于新的情境和条件以及当下对它们的判断。个体的已有观念、知识和理论，在杜威的知识论中是作为工具而参与思考过程的。它们可以帮助人们找到和界定问题情境，解释观察到的事实，并提出解决问题的建议。因为杜威所要表达的知识观与传统上对“知识”概念的理解和用法有如此大的差异，所以杜威用“实现了的意义”（realized meaning）表示探究的结果，而避免直接用“知识”这个词来给它冠名。他用“实现了的意义”表现出这个概念本身与具体探究过程不可分开的关系（Dewey，1929：168）。类似地，杜威还用“证实了的断言性”（warranted assertibility）表示探究的结果，这也是他给“知识”找到的“代名词”

（Dewey，1929：17-18）。

第三个区别是职能上的区别。传统的知识观的职能是提供权威的指令和确定的规则。在遇到问题时，人们会从过去找到相应的知识作为解决问题的药方，或恪守传统制度而不做任何变革。杜威则强调，知识表达的是将中断的和不确定的情境转化为更加可控制的和显示意义的情境，是对当下问题情境的重组和再构，从而获得更好和更有意义的实践。参与其过程的不是对教条的盲目服从，而是更多的反思性思考，包括对实际条件和情境的（实践性）判断。这意味着行动者需要摆脱权威的束缚，唤醒自身的主动性和能动性，从而进行独立的思考。

可以看到，杜威所表达的这种知识，在获得方法、意义和职能上，都与传统知识大相径庭。这三方面的区别，从另一个角度看，也显示出杜威的实用主义知识论的三个显著特征。为使这种不同于传统理解的知识显示出其合理合法性，我们有必要对探究做更深入、更系统的“探究”。

二、探究的对象：从不确定的情境到确定性情境

既然杜威所呈现的对知识的理解与探究紧密相连，那么探究的对象究竟是什么呢？杜威对探究给出过这样的定义：

> 探究是控制性地和引导性地把一个不确定的情境转变为一个确定性情境的过程。这种确定性体现在能确定地区分新情境的构成部分，并能确定地知道使得原初情境中的各个要素转变为一个统一协调体（情境）的各种关系。（Dewey，1986a［1938］：108）[①]

① 段中着重号为本书作者所加。

杜威指出，在探究之前，要意识到不确定的情境和确定性情境的不同。在习惯中如果有冲突、迷惑或不安的情绪出现，就构成了不确定的情境。但此时，这一不确定的结果与“认知”并没有太多关系，而仅仅是自然互动中的一个事件。只有当不确定的情境成为一个问题情境（problematic situation）时，探究才会发生，探究后获得的人类的经验才能转变为认知经验。杜威这样写道：“看到一个情境需要探究，是探究的第一步。”（Dewey，1986a［1938］：111）[①]

不确定的情境使习惯中断，只有当它成为问题情境时，探究才能开始。在杜威看来，这个转化时刻是认知性要素（cognitive elements）进入不确定的情境的时刻，意味着认知性要素对“前认知”（precognitive）协调情境的中断做出了回应（Dewey，1986a［1938］：111）。问题情境的形成或界定，需要诸如观察到的事实、思考、理解和判断等各要素之间的配合，而这些又需要观念、价值和/或理论来引导。就以教师的教育教学情境为例来说：一个教师感到课堂的某一个情境无法持续进行，而这给他带来了情绪上的不安，这就是一个不确定的情境，只有当他认识到需要找到不安的缘由，以便去解决它时，这个情境才会变成问题情境。意识到问题情境，探究才会发生。当不确定的情境恢复协调时，就成为确定性情境。

杜威使用“情境”一词表达生物体与环境的互动，它是一个未经分析的整体。前面提到过，情境中既有互动中的生物体本身的参与，又有生物体“外部”的条件和环境的特殊性，因此情境也可以说既含有“主观”成分，也含有“客观”成分。由于每个教师的习惯不同，一个教师可能会“识别出”一个不确定的情境，并把它看成问题情境和需要探究的对象，但另一个教师可能就没有意识到那样一个不确定的情境，更别说把它当成问题情境。这意味着相似的“外部”条件未

① 句中着重号为本书作者所加。

必会产生相似的不确定的情境，因为它还取决于教师个体的习惯，也就是他/她以前的经验的延续。所以，一个情境对一个教师是一个问题，对另一个教师未必是问题。这是由环境和个体的“不同”习惯决定的。这实际表明，教师不仅需要有对具体情境进行反思的能力，而且要有对自己的习惯进行反思的意识，从而能够判断某个“问题情境”对他/她而言是不是问题（Hansen，1997：163-173）。因而许多习惯都是教师随着时间而内化的外部事物，形成了规则和惯例，但对它们的运用往往未必适合不同的情境。

三、探究的操作：概念性操作和实存性操作

根据杜威的观点，使探究不同于“尝试-错误”这一行动的地方在于情境的转变是由反思或思维所控制和引导的。杜威认为探究过程是由概念性操作（conceptual operation）和实存性操作（existential operation）两部分组成的，而且二者是配合进行的（Dewey，1929：150）。前者是在概念层面进行的操作，只有概念层面的行动和后果；后者则是在实存世界中的操作，会有明显行动发生，并导致实际的后果。下面对二者分别进行阐释。

（一）概念性操作

构成探究的第一个部分是概念性操作。找到不确定的情境的问题所在，在探究过程中是一个关键时刻。首要的一步是事实（facts）的收集。杜威指出：“感官觉察的特征……是我们想要知道的事物，它们对识知提出挑战，设置了探究的问题。”（Dewey，1929：123）因此，他认为案例的事实“构成了问题的话语，因为在任何相关的解决建议中，那些事实是必须思索和考虑的条件”（Biesta et al.，2003：60）。但是，要找到事实，我们需要的是观察（observation），而观察到的未

必都是和案例有关的事实。这个时候所需要的是用观念（idea）来引导观察。探究的一个特点就是它不是随意的和漫无目的的活动。它虽然也许会伴随着摸索和盲目的行动，但是这个过程中总是含有“考量过的预见和意图”（deliberate foresight and intent），这就是观念（Dewey，1929：110）。观念会给我们所观察的事实以意义，帮我们决定选择一种方案而不是另一种方案来进行实验。事实和观念都处在概念性操作中，二者只有功能上的区分（functional distinction）。“事实”此时也是“观念”，即“有关事实的观念”。事实是通过符号（如语言）来表征和呈现的。事实有时也被称为材料（data）。

概念性操作由思考推进。在杜威那里，这种思考是一种反思性思考（reflective thought），是一种“对支持任何信念或所谓的知识的理由进行的积极、持久和仔细的考虑，以及对该信念和所谓的知识的意指所进行的深入思考”（Dewey，1909：6）。因为思考源于不确定的情境和问题情境，所以思考本身就是探究的一个过程（Dewey，1997b［1916］：148）。

> 探究由思考推进……，因为实验性探究或思考表示一种引导性的活动（directed activity），从事建立新的安排，来改变对对象进行观察的条件或者改变对象本身具有的条件。（Dewey，1929：122-123）

所以，思考不仅将不确定的情境引向确定性情境，还引导着那些含有不确定性的观察。当“有关事实的观念”——也就是问题情境的意义——清晰起来时，“改变情境的精确观念”就越有可能形成。事实和观念之间有一种相互的作用。思考越精确，越会使我们的观察更集中和更有方向。所以，如果我们想从我们遇到的问题中学习些什么，概念性操作是不可缺少的。没有概念性操作，没有推理（reasoning）或思考，我们处理问题仍然会是偶然的、随意的，或用杜威的话说，是不明智的。

探究的目的是通过明智的行动解决实际的问题，或使实践本身更加明智。上一章已经对明智有所介绍。概言之，在杜威那里，"明智"就是"在改变境况过程中确实执行的操作，包括观念作为手段（means of ideas）所提供的所有引导，有直接的引导和符号性的引导"（Biesta et al.，2003：200）。所以，如果要通过明智的行动产生明智的后果，那么探究过程中的概念性操作就显得非常重要。也就是说，探究过程中不能没有观念、已有知识、理论和推理/判断等"明智要素"在思考过程中的参与，而且它们之间的配合运用也相当重要。

新出现的观念会以"建议"的方式给出。有了建议的参与和操作，我们就可能理解观察到的事实"可能意味着什么"，或重新进行观察，甚至进一步思考"如何解决问题"。杜威写道：

> 感官材料是迹象（signs），用以引导对观念的筛选；（由感官材料和知识储备互动而）提出的观念可能会引发新的观察；观察到的材料/事实与观念共同决定最后的判断或诊断以及解决计划。（Dewey，1929：175）

所以建议的形成过程中有推理和判断的帮助。与此同时，"已有知识"也一直参与着建议的生成，发挥着支持功能。"已有知识"是"过去"的探究证实的后果。它们曾经在解决过去的问题方面成功过，但是并不意味着它们会成功解决当下的问题。在杜威看来，"已有知识"提供了一个概念性操作的"网络"。在这个网络中，"已有知识"至少有两个功能：一个是解释观察到的材料；另一个是建议发起新实验。（Dewey，1929：174）对于新的探究，"已有知识"只是工具，而不是决定自身效度的规范（norm）。在杜威看来，"它们为新情境提供假设；它们是新操作的建议来源；它们引导探究。但是，它们不是从逻辑意义上以给反思性思考提供前提的方式进入这种思考的”（Dewey，1929：186）。

可以说，在概念性操作或思考中运用观念、已有知识、理论和推理/判断等，给理解当下情境、解释观察到的事实和计划可能的行动等诸多方面提供了多种意义与方法，使行动者接下去的行动更加明智。举个例子来说，一位教师的教学活动被中断，使她感到自己处于一个不确定的情境中。这位教师对课堂上的教学活动被中断的事实有了这样一个想法：她假设教学情境的中断与一些特定学生的特定行为有关。这会使其将注意力放在这些学生身上。这可以说，是这位教师关于问题的假设引导了她的观察。然后她力图发现到底是什么情况使她感到不安，并中断了流畅的教学。这导致她进一步考察，进一步观察，进一步界定问题。最后，教师靠着进一步的观察和假设，可能获得了对“问题是什么”的更好的理解以及问题可以如何解决的想法和建议。

从以上阐释可以看到，在建议的形成过程中，除了观察、解释，还有考量（包括推理）。这个时候，杜威所说的“考量”就极为重要，而且想象也参与其中。考量是“看出不同系列的行动是怎样的状况的实验。它是一种对所选的习惯和冲动进行不同组合的实验，以便看出最终的行动是怎样的”（Dewey，1983［1922］：132）。在杜威看来，这些实验要在想象中进行，而不是在现实中进行，从而避免产生实际的后果。在考量的过程中，“曾经的后果在想象中被提升、重组和修正。发明活动（创造性）得以运作。实际的后果——即在过去曾经产生的效果——成为正在执行的活动的可能的未来后果。想象性思想的操作，让后果与行动的关系变得复杂。后果是可预见的结果；它产生于活动的进程中，并且被用来给予行动新增的意义和引导行动的走向”（Dewey，1983［1922］：155）。所以，想象是“创造性的考量”。

对“预见中的结果”的反思给当下的活动赋予意义和价值。想象可以修正后果和手段，也就可以改变行动的意义和价值。正如杜威所言："意义是运用和解释事物的规则；解释总是归因于一些后果的可能性。"（Dewey，1981［1925］：147）只有通过想象，可能性才得以体现。在推理中，想象也发挥着功能。杜威这样强调想象的重要性：

> 没有推理可以理智到排除想象和感觉，如果那样，推理将无法达及真理……，（探究者）一边挑选和排除，他的想象感觉也一边前行。"理性"在其高度无法获得完全的理解和自足的确定。它必须依靠想象——在充满感情的感觉中依靠观念的体现。（Dewey，1989［1934］：40）

（二）实存性操作

构成探究的另一个部分是实存性操作。为了获得一个统一协调的情境（a unified situation），为了证实我们的建议的价值，我们必须进行实存性操作。没有对行动的启示和对行动的执行，我们对于事实的想法和对于行动的想法就会依然停留在"想法"上。所以，在解决问题的过程中，单纯靠反思是不会获得知识的，在杜威看来，我们还需要"做"，需要行动。因此，可以说，这种知识是"做"出来的。这也意味着在解决问题的过程中，行动是一个必要条件。比斯塔和波布尔这样解释这一点：

> 只有当行动随之（反思）而来，只有当我们使用建议引导我们的行动，我们"分析问题"的价值和"解决问题的建议"的价值才会浮现出来。我们需要明确的行动，从而决定我们的反思的价值和效用。否则，我们至多只有一个关于问题的假设和一个解决问题的假设。（Biesta et al.，2003：46）

没有行动，知识就不可能出现。行动是这种知识的构成部分。反思和行动的参与意味着这种知识是一种人的建构或重构（human construction / reconstruction)(Biesta et al., 2003: 51)。

在结束此部分之前，我们再试着用前面的那个例子来说明探究操作的整个过程。一位教师突然感到课堂教学不能顺畅进行，对此她深感不安，这对她而言成了一个不确定的情境。通过对这一情境进行初步观察，她发现这是由坐在教室后面几排的学生说话造成的。她得出的观念是：这件事情让她无法安心讲课，因为在通常状况下在她的课上学生们都是很安静的（确定性情境）。她想知道是什么原因导致了这种不安，此时这个不确定的情境对她来说转变成了一个问题情境。这成为她探究的起点。她开始探究：那些学生为什么说话，而不是安静听讲？可能会有多种原因。此时或在课后，结合她进一步观察到的事实，这位教师很有可能会在反思中做出一系列的多种推断，这个过程还包括教师使自己的“已有知识”参与进来帮助自己思考和判断：出现这个问题是因为那些学生觉得课程内容太容易而不值得专心听课，还是因为课程内容太难而失去听课的信心？那些学生对讲的内容不感兴趣，还是他们中间发生了什么特别的事情而转移了他们的注意力？等等。这些思考进一步引导了她的观察，然后结合新观察到的事实和她的思考，她假设可能是学生们对所讲内容有困惑而在那里讨论。她因此得出一个解决问题的行动建议，即课堂上学生如果有问题，可以及时举手向老师提问，而不是与其他学生自行讨论。但是，她必须把这个建议付诸行动，才能“知道”她的建议是否管用。也就是说，只有当她对发现的情况和解决问题的想法采取行动时，她的（关于“事实”的和“可能的解决方法”的）想法与情境之间的关系才能建立起来。于是她要求学生按她的建议做，他们果然不再在课堂上私自讨论了，她的教学也能顺畅进行了，协调的情境恢复了。也就是说，她的建议确实起作用了。此时，她再进行反思，这时在她自己的行动与行动结果之间建立起了一种联系，有关这个情境的新知识也形成了。否则，她还需要继续探究那些学生在她讲课时交谈的原因，继续进行观察和思考。可以看到，杜威所描述的通过行动而获取知识的过程，恰恰可以解释教师获取这一知识的过程。

四、探究的结果：实践性知识

探究的结果是生物体获得的一种认知性经验。通过进一步反思，这种经验会转化为一种实践性知识而进入个体已有的知识网络或知识库之中，会使其更加丰富。成功的探究结果不但会使人的习惯发生改变，使个体所处的境况得以重构，而且会改变概念性层面的许多符号之间的关系，也就是说会产生新的意义，或者说新的知识。杜威这样写道：

> 被选来充当证据的材料和被选来充当调节性原则的材料不断地彼此考察，一方的任何进展都会带动另一方的相应发展。二者持续地配合运作，在建构新对象的过程中生成对初始经验的材料的重组，使新对象具有了得以被理解和被认知的属性。（Dewey，1929：173）

他又说："根据识知实践（practice of knowing）设置的模式，知识即把问题情境转化为一个解决了问题的情境这一工作的结果。"（Dewey，1929：242-243）比如，在前面的例子中，课堂上许多学生在讲话成了问题情境。通过探究，教师鼓励学生在遇到问题时举手提问而不是自行讨论，此后她发现那些学生不再在课堂上私下说话了。那么在概念层面，这位教师因而知道使用艰涩难懂的词汇讲课是导致学生在课堂上私下说话的原因之一——那些学生会讨论教师使用的一些难懂的词。这使她解决有关类似情境的知识又增加了一个新的内容，而这可以被看作她的实践性知识。这样的探究使得转化到概念网络中的知识不断增加。这些知识在教师以后探究中的概念性操作中会提供更准确和更成功的帮助与指引。

五、总结

本章开头讨论了杜威实用主义哲学中的知识观与传统知识观的区别，或者说呈现了这种知识的三个特征，然后对探究概念做了更深入和细致的分析。简言之，行动中不确定的情境的出现，导致生物体/行动者与环境的协调和互动无法持续，令其感到不安。当这种情境促使行动者试图解决问题时，就成了问题情境，于是探究开始。在探究过程中，行动者需要观察事实，也需要相关的已有的知识的支持，以便能够激发充分而适当的对问题的回应。这就需要考察这个不确定的情境意味着什么。协调的互动中断后，需要恢复其原有的动态平衡，而唯一的手段是做出合适的行动。要有合适的行动，先需要思考是什么导致了问题情境，并得出一个解决问题的建议。我们先将由概念层面发展出的解决问题的措施作为建议。在这个过程中，案例中的事实成为材料。材料和观念的合作产生出行动的建议，也就是假设。在一个对不确定的情境如何成为问题情境的假设性诠释中，假设表达了行动和后果之间的一种关系。这一切都只是概念性操作。假设（建议）中各要素的关系与实存世界中各要素的关系是否对应一致，要通过将建议性的行动付诸实施才能知道，也就是说还需要进行实存性操作。如果行动确实取得了期望的结果，一个和谐的情境就被创造出来了。如果没有获得协调的情境，就还需要继续探究。

此外，假设中各要素的关系与实存世界中各要素的关系，二者之间存在一种*功能性关系*。换句话说，在概念层面建立的关系和行动后产生的实际状况的关系之间，有一种功能性关系。它所表达的是：前者在由不确定的情境转变为确定性情境的实际行动中，是否有效果（effective）（Biesta et al.，2003：64）。这类似于探讨一种工具在被使用的过程中是否起作用。

最后，从上面所解释的探究的过程看，就理论与实践的关系来说，这一过程并不是要通过探究来验证理论与实际的状况是一样的。这一过程是要在探究中发现：理论在实践中是否做了我们期望它们所做的，是否帮助我们达到了我们要达到的目的。所以可以说，理论知识和假设类似，可以被看作工具或手段。

第四章 理解知识、意义与真理问题的关系

获得的知识产生意义，这些意义不仅能够从特定情境下浮现出的知识中脱离，而且能够融入并累积于习惯中，以便在新的经验中运用时能够形成明智。

——约翰·杜威《经验、知识和价值：一种回应》

在这一章，笔者试图解释杜威实用主义哲学的知识问题中的相关概念，包括经验、意义和真理，并分析它们之间的关系。然后，笔者将把注意力转向杜威所主张的知识论在社会科学领域的应用。虽然杜威呈现给我们的知识的形成过程被贴上了自然主义的标签，但它并不只适用于现代自然科学。杜威认为这种知识的形成过程在社会性实践和自然实践中没有太大区别。因此，杜威的实用主义知识论同样适用于考察教育实践，确切地说，这种知识论在解释教师实践性知识的形成过程方面具有极大的相关性和恰适性。[①]

---

① 在本章的论述中，笔者在参考和阐发杜威原著观点的同时，主要参考和呈现了比斯塔和波布尔（2003）对相关问题的论述。

一、经验、知识、意义与真理的关系

前面的讨论已经涉及杜威实用主义哲学中的知识的形成过程、特征和功能等。如果把实践性知识看成一种知识类型，杜威知识论视野中的知识应当是其中一种。这种知识来自行动，或者可以说来自明智的行动，因而也可以说来自（from）实践，通过（by）实践产生，并为（for）实践服务。可我们仍然不能避开的问题是：按照传统的对知识的性质、标准和功能等的理解，这种知识的"合理合法性"在哪里？读者完全可以说这种"知识"可能只是"经验之谈"而已，不具有或未达到"知识"身份所要求的标准。根据对知识的"一般理解"，知识是表示真的事物，而且知识具有确定性的特征。满足这些条件，所指的对象才可以被称为知识。那么，杜威意义上的这种知识所呈现的"实在"是否为"真"呢？它是不是"确定的"呢？在杜威看来，这样的问题首先预设了我们持有的存在论是"心-物"二元论。如果我们突破传统的"心灵-世界"二元对立的框架来理解知识，并在互动论框架中理解知识的话，这些关于知识的"身份问题"就不会成为问题。

杜威所持有的知识概念是在互动中获得的"知识"，知识来自从实验性经验中获得的认知性经验，而不是一般意义上的自然经验。对于总体意义上的经验而言，其总体特征在于我们每个人的经验都是"真的"（real）。经验的不同之处不在于谁的经验比谁的更"真"，而在于每个人的这种"真"经验有所不同。正如杜威所解释的，"我们所拥有的是'经验的不同（种）的真'（different reals of experience）"（Biesta et al.，2003：43）。认知性经验作为多种经验模式中的一种，涉及一个人的某个具体经验对该个体的价值或重要性（worth）。假如知识是有关真理的，那么，在杜威看来，"真理"的问题涉及的不是我们是否经历了某种固定不变的“实在”，而是对我们来说某一个具体经验对我们的重要性，或者说这个经验对个体的价值和意义。杜威这样解释这一观点：“所有经验的事物都可被看作自然存在的生物体和其存在环境之间的互动呈现，而这些呈现都在同一个层面。但是，从（为真理）所提供的证据性价值（evidential value）来看，就会发现那些经验不在同一个层面了。”（Dewey，1988［1939］：44）当然，比杜威更早的法国哲学家蒙田（M. de Montaigne）就强调过经验对每个人的不同意义。他说：“仅仅只是历数自己的经验是不够的，那些经验应该被认真考量并且排列顺序。”（Compayé，1971：75）如前所述，来源于实践的知识的出现与认知性经验有关。实践性知识形成之前是识知的行动过程，而识知会带来认知性经验，因为识知作为一种行动的功能就是“找到所经验的事发生的条件和结果”（Dewey，1929：104），寻找真正有品质和有价值的事件的发生所依靠的“关系”。因此，杜威所说的知识是有关行动和结果的关系的知识，或者从广义上说，是我们所说的一种实践性知识。这种知识使得这种关系获得了一种意义。

杜威进一步认为，获取关于行动和结果的关系的“意义”或“价值”是极为必要的。这是因为这些从具体情境中产生的“意义”可能会被用在将来对新问题的探究中。如果把这些“意义”符号化（symbolized），它们就会成为理论，融入我们的习惯。如果我们适宜地使用它们，我们的行动就不是单纯的盲目行动，而可能是“明智”的行动。因此，这样的一种实践性知识为行动提供了“理性”的支持，或者用杜威的话说，提供了“明智”的支持。杜威这样表达这一观点：“获得的知识产生意义，这些意义不仅能够从特定情境下浮现出的知识中脱离，而且能够融入并累积于习惯中，以便在新的经验中运用时能够形成明智。”（Dewey，1988［1939］：48）这实际上表明了已有的实践性知识在新情境中解决新问题时的用途，即提供智能性的支持。如此，在已有知识和问题情境之间就有一种直接的关系，即前者总被一个又一个新的情境所运用或验证。

二、真理问题

杜威认为新的经验和“意义”会从恢复了协调的行动中浮现出来，或从解决了问题的情境中浮现出来——这当然依然要靠反思来发现。这种“意义”或“价值”正是来自某种认知性经验，或者说是杜威所说的“证实了的断言性”，是杜威所理解的“理性”。杜威这样论述：

> 如果方法的描述性断言获得了进步而稳定的信念，也就是获得了证实了的断言性，那么方法的描述性断言就是具有理性的断言（rational statement）——假如把描述性断言和理性的断言之间的关系作为手段，而证实了的断言性作为后果这一情况被确定了的话。（Dewey，1986a［1938］：17-18）

但是，这种知识及其理性功能，并不能表达普遍的确定性。这种知识的意义指向“未来”，指向“可能性”。杜威认为这种意义或经验“同时会感受到超越它本身的意义所指”（contemporaneously aware of meaning something beyond itself）（Dewey，1977a［1906］：113）。杜威写道：“识知由这样一种操作组成，即它能给经历过的客体一种形式，在这种形式里，未来事件的走向所依靠的关系能够可靠地被经历。”（Dewey，1929：295）所以，如比斯塔和波布尔所解释的，认知性经验意味着我们会觉察到这样一种认识：当我们以某种方式行动时，“我们将会经历到的其他（未来）事物”（Biesta et al.，2003：47）。但是，这表达的不是确定性，只意味着杜威所呈现的知识类型包含着“控制”未来事物的可能性。如此，杜威的“知识”概念与他的所说的

“推断”概念有关，也与他所说的经验的连续性原则有关。比斯塔和波布尔（2003）指出，在杜威那里，推断是对时空上较远的事物的回应。不难看出，遵循推断的行动并不排除“不确定性”和“风险”。因此，这种知识所表达的“真理”是有时间性的，也就是说，对过去而言是真的，但对将来的境况只表达可能性，对“不确定性”只提供可能的控制。因此，对未来的某个情境而言，这种真理可能会是可错的（fallible），但并不是说这种知识的内在结构是可错的。

当具体的“意义”就信度（availability）的重要性而言时，真理与谬误问题就会出现。在杜威看来，真理总是情境性的，而且与行动有关，所以真理不是永恒不变的，真理不是关于断言与实在的一致性。真理是关于建议性的意义和行动中/后实现了的意义之间的一致性（Dewey，1977a［1906］：118）。这种一致性，是在目的、计划维度及其执行、履行等维度上的一致性，因而是一种功能性上的一致性。杜威把使事物表现为“真实”的活动称为“证实”（verification）（Dewey，1977b［1907］：66）。证实的过程，是我们把某种互动中关于行动与结果之间的关系的观念呈现为“真实”的过程。对于这种关系，我们先是在概念层面进行推断，然后得以选择恰当的行动，最终创造出一个与其一致的情境，在这个意义上，我们的观念就成为真实的了。如此，我们就可以说，在观念和实在之间存在一种功能上的一致性。如杜威所解释的：“当某些操作在所观察的环境下、对所观察的环境本身执行时，观念是对将会发生的结果的预测。”（Biesta et al.，2003：169）所以，对杜威来说，“真理”不是关于对“实在”的描述和实在自身之间的一致性，“真理”与两种层面的关系的一致性有关，即在观念中（概念层面）的行动-后果的关系与在现实中（实存世界层面）的行动-后果的关系这二者之间的一致性。这种真理是动态的和有时间性的。可以说，杜威所探讨的与真理有关的知识，是一种我们为了在世界中生活、工作和行动而使用的工具。

以上简要的阐释表明，在杜威看来，经验是有关“互动”本身的，而知识是有关经验的“价值”和“意义”的，并且是有情境性的，因而也不是永恒的。

三、有关社会科学研究的问题

虽然杜威呈现给我们的获取知识的方法和过程被贴上了“自然主义”的标签，但它并不仅仅适用于（自然）科学。值得注意的是，杜威指出这一方法同样可以应用在社会性实践中，而且和应用在自然实践中没有太大区别。

在杜威看来，科学探究和常识（common sense）性探究之间具有“方法上的连续性”。杜威强调科学探究“遵循常识性探究的模式”（Dewey，1986a［1938］：245）。杜威认为，科学探究与常识性探究之间的关系是从劳动分工中发展出来的社会性问题，而不是一个知识论方面的问题。科学比常识更“可信”的原因不是科学比常识更加接近实在本身，而更多地与具体环境、具体条件和具体探究有关（Biesta et al.，2003：87）。不管是科学探究还是常识性探究，从杜威的实用主义哲学所表达的探究的过程中我们可以看到，知识表达“行动-结果”关系在未来的“可能性”，而不是对实在的复制。知识的“可能性”原则上会实现或成为真的。所以，面对不同的、具体的情境，知识只能是一种假设。实践者运用那些“可能性”来处理他们日常面临的问题。

杜威认为：“社会和人文学科采纳了实验法的思考方式后，导致的变化可以总结为方法和手段被放在了之前目的所在的重要层面上。”（Dewey，1929：279）但同时，杜威反对把社会事实或社会探究与人类的欲求及目的隔离开来。因为这种隔离会导致社会科学研究者只研究有关手段的问题，而不研究有关目的的问题。杜威认为这样的研究人员会成为纯粹的技术人员（technician）（Biesta et al.，2003：76）。如果只是就问题谈问题，我们很容易忽略某个现象之所以成为社会问题是因为它与某些人的目的、理想或欲求是分不开的。如果只是就问题而看问题、谈问题和解决问题，我们很容易会忽略“不确定的情境”转化为“问题情境”的过程，从而不会给予这一转化过程关注和分析。如此，社会性探究很容易局限于就一个问题找到最好的方法或手段加以解决的局面，而不能洞察这个社会问题背后的实际缘由和状况是怎样的，以至于治标不治本。杜威在其重要著作《确定性的寻求》的结论部分强调：“对于科学结论的解释，我们要联系那些结论给我们生活所有阶段的目的和价值信念会带来的后果来进行解释。”（Dewey，1929：313）这意味着对于社会科学探究，我们需要对我们面临的问题的“社会性”——包括文化、价值、道德和政治等在内的因素和影响——有非常充分的理解。

比斯塔和波布尔指出，社会性探究的任务应把有关探究的判断放在“手段-目的”的关系框架中。在杜威看来，社会性探究的任务应包含有关目的的判断，而且这样的判断应基于手段；同时，社会性探究的任务还应包含有关手段的判断，而且这样的判断应基于目的。（Dewey，1929：78）杜威的实用主义知行观意味着在社会性探究中，对手段和目的都要采取一种实验的方法（experimental method）和态度。只有这样，探究才可以帮我们看到要达到的那个目的及其手段是不是值得向往的或可取的，以及所期望的目的是否能够达到。这进一步说明，在杜威看来，社会性探究并非价值无涉。对于目的的判断更多的是关于价值的判断，而关于价值的判断是“对经验过的对象的条件和结果的判断；是关于什么应当调节欲求、情感和快乐的生成的判断”（Dewey，1929：265）。正如比斯塔和波布尔指出的：“只有对社会现实的主观特征（subjective nature of social reality），即对社会现实与人类目的/结果的内在关系进行了充分思考，社会领域中的行动才会成为明智行动。”（Biesta et al.，2003：78）

四、教育探究

教育探究作为一种社会性探究，是对人类关系中的一种关系类型的探究。可以说，对于教育问题同样可以用实验性的思考方法进行探究。杜威认为，“一些经验过的实存会寻求思想的引导，以便可以被引到使它们自身更加有序和公正的道路上，并且使其自身能够获得爱慕、支持和欣赏”（Dewey，1929：296）。教育实践显然是这样一种寻求引导的实存。

在杜威看来，教育实践在教育探究中占有核心位置。教育实践既是教育探究的唯一源泉，又对探究结果的价值进行证实。研究结果的价值在于它们是否“服务了教育的目的，而它们是否服务了教育的目的只能从实践中找到答案”（Dewey，1986b［1929］：26-27）。与此同时，杜威认为教育实践者是教育实践中的核心角色。杜威反复强调教育探究的唯一目的就是使教育者的行动更加明智。这就如他所写到的：

> 教育科学的根源是那些进入教育者内心、头脑和双手的，经过他们努力所确认的知识；通过这种知识的进入，教育功能的表现比以前更加具有启迪性、更加富有同情心和更加真正地具有教育性。（Dewey，1986b［1929］：39）

从这句引言中可以看到，杜威认为教育科学存在于教育实践者那里，存在于教师那里。他甚至认为教育的“最终实在”不在书本中，不在实验室或教室中，而是在“那些参与教育实践活动的人的意识中”（Dewey，1986b［1929］：16）。这充分表明了杜威对教师角色的重视。

杜威如此强调实践和实践者，使得如何理解教育探究的结果（知识）和教育实践的关系显得至关重要。教育探究的结果作为一种资源，对于解决日后会遇到的问题十分有帮助。它会使教育者从新的角度看问题，引导他们的观察和解释他们所遇到的问题，最终使他们的行动更加明智。但是，教育探究的结果并不会直接告诉教育实践者应当如何做，或者为他们提供指令和规则。杜威认为：

> 如果我们想保留“规则”这个词，我们就必须说科学探究的结果为观察和探究的行为提供了一个规则，但不是给明显的行动提供一个规则。科学探究的结果并不会直接对实践及其结果起作用，而是间接地通过改变了的态度媒介发挥作用。（Dewey，1986b［1929］：16）

由此我们可以说，杜威认为教师应当成为探究者，而不仅仅是教育法律、规章和标准的照搬者。并且，“探究的问题从来不会有完结，总是处在过程中；一个问题性情境解决了，另一个问题又发生了。不断获得的知识不是趋近于一个万能的解决方式，而是趋近于方法的完善和经验对象的丰富”（Dewey，1929：296）。教育探究不会终止，因为教育问题总是具体和独特的，总会有更多、更新的教育问题出现。教育者只能以独特的和合适的方式来回应。也因此，没有永恒不变的政策，只能用适宜的工具帮助教师来解决面临的问题。

五、总结

本章主要讨论了与杜威实用主义知识论相关的几个重要概念之间的关系。在杜威看来，实践性知识来自先前的行动，通过当下的行动发挥作用，并从行动的结果中获得改善，为未来行动提供明智。行动与经验密不可分。这种知识作为一种认知性经验是以反思性实践为基础的，是表达行动及其后果之间的关系的知识。当这种经验对行动者个体具有价值或重要性时，这种经验也就获得了某种“意义”。这种意义对个体而言具有某种理性，因而也具有某种“真理性”，但是这种真理并非对客观世界的临摹，而是对未来类似情境和问题表达一种“可能性”，因此这种知识的“真理性”对未来具有不确定性、可错性或者说“风险”。也因此，这种知识需要在新的情境下通过判断而不断获得更新的意义。

科学探究的方法被运用在社会性探究中时，需要避免只关注手段而忽略目的和价值问题，或者忽略“社会性”中的多个因素。因此，社会性探究需要把有关探究的判断放在“手段-目的”的关系框架中进行。教育探究作为社会性探究，是以教育实践为对象的，是为了更明智的教育实践，在探究的判断中要既关注手段也关注目的。教育探究产生的知识并不能直接对教育教学实践发生作用，而是通过教师对具体情境的判断发生作用。正如杜威的名言所表达的那样：“没有哪个科学研究的结论可以转变为教育艺术的直接规则。”（Dewey，1986b［1929］：9）

第五章 反思杜威的实用主义知识论

理论脱离了具体的行动和实践，是空洞和无用的；此时，实践就变成了一种对环境所提供的机会和乐趣的当下捕捉，没有方向，而那样的方向是理论——知识和观念——有力量去提供的。

——约翰·杜威《确定性的寻求》

在这一章中，笔者将主要对杜威的实用主义知识论进行多方面的反思，以便更深入地理解杜威的知行观。笔者首先分析了杜威知识论中“知识”概念所表现出的数个特征。基于此，笔者将回应与杜威的知识论相关的以下几个问题。第一，杜威所说的知识的“工具”特征，是否也就是西方思想界批判的“工具理性”？第二，杜威的知识论中的知识是否完全是个人知识，或者说，是否只是主观性知识？第三，杜威的知识论中的知识是否只是相对于个体来说是起作用的？如果是的话，这是不是会导致一种“相对主义”？第四，杜威的知识论是怎样看待理论与实践的关系的?[①] 对这些问题的回应将构成本章的主要内容。

一、理解杜威实用主义知识论的特征

对于前面几章关于杜威实用主义知识论的论述，我们至少可以从五个方面来进一步加深杜威为我们提供的关于“实践性知识”的理解。

第一，在杜威那里，知识的对象是“过程”。杜威所呈现给我们的知识论不同于传统的理解，特别是对知识的实在（reality of knowledge)，或者说对知识的对象（object of knowledge）的理解。我们可以看到，杜威的存在论是一种实在主义。但是，这种实在主义不同于传统实在主义之处至少体现在两个方面。第一方面是在知识作为对象而存在的问题上。杜威的实用主义存在论认为“实在”是一个“过程”，具体说是一种“互动过程”，而非永恒不变的实体。感知（perception）的对象存在于生物体与环境的互动之中，它是一个交互过程所呈现的形式。这种形式表达行动作为手段与其后果之间的联系。第二个方面体现在获取知识的取径上。具体说，就是从知识论或认识论层面看，观察者是世界中的一个参与者，而不是世界的旁观者，不是独立于世界之外的。也因此，我们可以说，杜威所持有的存在论是一种交互性实在论。

第二，杜威知识论表现出多个层面的“关系性”。其一，前面已经提到，杜威所说的知识是有关行动与结果之间的关系的，所以这是一种关系性的知识。“知”是在行动的框架中来说的，是行动的一个功能。杜威对识知与行动的关系的关注，是想重新把二者合二为一，

① 本章也参考和呈现了比斯塔和波布尔对相关问题的阐释和论述，同时扩展和加深了对部分问题的反思，并增添了新的问题加以反思。

从而将它们置于作为“过程”的“实在”框架中，而不是对二者进行简单的“连接”（Biesta et al.，2003：84）。其二，杜威还认为，知识和实在具有一种一致性（correspondence）关系，但是，这种一致性不是指知识呈现出了“实在”，或者描述出了“实在”本身是如何的，从而说这两者之间完全一致。在杜威的框架中，知识与实在的一致性体现在各自的功能和过程上。一方面，为了使期望发生的变化得以实现，我们的概念性操作能够建议开展一些活动，包括观念、已有知识和理论等的参与；另一方面，正是通过行动或者说生物体与环境之间的互动的介入，从探究中得到的“后果”才和“实在”联系起来。（Biesta et al.，2003：91）因此，这是概念性操作和实存性操作之间的一致性（correspondence between conceptual operation and existential operation），而这也就是杜威意义上的知识和实在之间的一致性（Biesta et al.，2003：91）。在认知过程中，假设性知识转变为实存性操作。实存性操作是对所考察对象的介入或对所考察对象的条件的改变（Biesta et al.，2003：91）。其三，这种知识还涉及与“经验过的对象”（experienced objects）之间的关系。因为感知是知识的材料，所以直接感知的对象（the objects of immediate perception）充当符号的方式会与知识有关。我们的行动和活动会产生其他经验，包括认知性经验。我们从众多经验的对象中辨认出模式，最后才形成知识（Biesta et al.，2003：93）。杜威的实用主义认为，知识的对象（object of knowledge）不是在操作之前已有的事物，也不是独立于操作之外而存在的事物。杜威认为，知识是一个“事件”。他曾写道：“知识的对象是事件性的（eventual）；就是说，它是直接的实验操作产生的结果，而不是在识知行动前充分存在的事物。”（Dewey，1929：171）知识的起点是我们日常经验的对象，然后知识返回这些对象，所以知识与这些对象并不是同时出现的（Biesta et al.，2003：93）。

第三，杜威知识论中的知识的生成是“建构性”的。杜威明确指出了思考行动过程所具有的建构力量（Dewey，1929：138，165）。但是如前面提到过的，要将杜威的建构主义理解为交互性建构主义，也就是说，知识的对象是出自互动、导致互动并作为互动过程中的一个功能的。这种知识的建构不是无中生有的，也不只是我们意识中的想象。知识的对象必须从已观察到的材料中，借助观念、已有的知识、理论、推理和判断以及行动的协调配合而建构出来。

第四，杜威意义上的实践性知识是“反思性”的。杜威把自己的知识观类型称为反思性知识。反思性知识是关于事物之间的关系的，是事件性的，即在事物之间各种关系里发生的变化。我们运用这种关系性知识，能调节我们与那些事物特征的关系（Dewey，1929：218-219）。

第五，这种知识是功能性的或“工具性”的。杜威的实用主义知识论把知识看作一种追求善的目的的“工具”。他在自己不同的著作中都强调了知识和观念等作为工具的意义（Dewey，1929：299），也在自己的著作中用不同的英文单词表达了这个意思，包括“instrument”“tool”“means”等表示工具的词语，他甚至将自己的实用主义哲学称为“工具主义”（instrumentalism）（Dewey，1976［1990］）。杜威论述道：

> 先前知识的结论是新探究的工具，而不是决定探究有效性的规范。先前知识的客体为新的情境提供了可用的假设；它们是新的行动建议来源；它们引导探究。但是，它们并不是以提供逻辑意义上的前提这种方式而进入反思性识知过程的。（Dewey，1929：186）

即便是那些倾向于遵循原则和标准而行动以寻求确定性的方式，其遵循的原则和标准本身其实也是推断性探究和行动实验得出的结果，并经过后续反思而被赋予原则的“权威”。它们本身也是更新变化的。所以，在杜威看来，首先，知识是解决未来相似问题时可参照的工具。

知识作为工具，在杜威那里，更多是指知识能提供解决问题的帮助和支持，即具有辅助的“功能”，而不是解决问题的基础或前提。其次，杜威把知识描述为“工具”，是相对于传统上把知识视为本身是固定不变的事物而言的。对杜威而言，知识本身也是更新变化的，就像工具是发展变化的一样。

二、工具主义，不是工具理性

这里有必要澄清的是，不应把杜威的知识作为工具的观点和西方世界自 20 世纪以来一直被批判的“工具理性”（instrumental rationality）混为一谈。在杜威看来，“实用主义哲学的工具主义，其本质是把知识和实践都构想为使善（任何种类的优秀）在经验过的存在中得以保留的手段”（Dewey，1929：37）。起初他是将其作为一种观念以抵抗“心-物”二元论框架下的各种二分思想的对立，包括实在主义与唯心主义的对立、科学与宗教的对立、经验主义与理性主义的对立等。工具主义既承认感觉的贡献，又肯定推理的建构力量。

那么，如何理解工具理性呢？德国社会学家韦伯将合理性分为两种，即价值（合）理性和工具（合）理性。价值（合）理性信奉的是一定行为的无条件的价值，强调的是动机的纯正和选择正确的手段去实现自己意欲达到的目的，但并不特别在意其结果如何。而工具（合）理性指的是行动单纯被追求功利的动机所驱使，并且行动借助外在于个体的理性达到自己预定的目的。行动者纯粹从效果最大化的角度考虑手段问题，即只从效率价值、功效价值和技术理性的角度考虑手段问题，而人的情感价值和精神价值等其他价值被漠视或忽视。韦伯认为，工具（合）理性，由对环境中的客体和其他人的行为的期望所决定，而这些期望被用作实现行动者自己合理追求和算计的目的的“条件”或“手段”（Weber，1978：24-26，399-400）。

在笔者看来，二者的区别主要体现在以下三个方面。其一，工具理性只追求一种价值，即事物的最大功效，所以工具理性也被称为“功效理性”或“效率理性”。它服务的目的也是单一的，即服务于人的事先预定的功利性目的，但忽略或漠视人对于行动的其他目的和价值欲求。这种理性与舍恩所说的“技术理性”（technical rationality）相似，也试图寻求确定性，即不管在什么情境下都会起作用的那种科学知识，“其可靠性由知识的确定性来衡量……，与人们在实践行动中在做的相脱离”（Dewey，1929：28-29）。这种理性所产生的知识与杜威所说的实践性知识的本质并不相同。在杜威看来，行动的目的是多样的和开放的，目的是“预见中的结果”。它在行动中浮现并在行动中发挥功能。这种目的由意义与价值构成。杜威所主张的是多元的价值，而且人们有选择的自由，因而目的也可以是多样的，可以是认知的、道德的、美学的，是与人的情感、欲望和需求紧密联系在一起的。其二，在工具理性文化盛行的情况下，根据法兰克福学派的批判，工具理性的目的大多是从外面强加于行动者的，行动者被迫受制于这种外来的目的，因而在某种意义上是不自由的，所以才需要获得解放。这种外来目的是杜威明确反对的。杜威所强调的目的主张与个体的欲求是相统一的。在杜威看来，目的是个体通过在行动中反思行动后果而浮现的。然后，它赋予行动意义，进而引导后面行动的路线。并且，目的可以根据实际情境和欲求而做出调节或重新引导，同时手段也相应发生变化。可以说，行动者在反思过程中，可借助想象发展多种行动计划，思考后果的多种可能性，所以行动者在特定的情境下拥有“自由”，从而创生出创造性的行动。其三，工具理性很少对目的进行反思，甚至将手段本身当成了目的。在杜威看来，面对问题情境，行动的后果是不是值得追求的，始终是行动者反思的一个因素。是不是值得追求的问题涉及价值问题，但在杜威看来，价值也不是固定的，而是可以根据具体情境来修正和调节的。所以，对价值的判断始终涉及反思或明智的探究，这也就意味着杜威所理解的实践始终包含对目的的反思。在这一反思过程中，已有知识和观念会提供支持，即它们作为工具的意义，以帮助行动者形成在特定情境中应选择和采纳的价值取向，从而选择目的。同时，行动者通过明智，对价值的构成加以调节，进而选择某个行动的路线。开放、多样和可变的目的反过来也会影响计划实现它的手段。

三、主体间性主义，不是主观主义，也不是客观主义

因为杜威的实用主义知识论包含个体对不确定的情境的感知，源自个体操作的经验，并产生个体“欲求的”结局，故其看起来并不具有客观性，甚至被批判为是主观主义（subjectivism）的。针对这一批判，杜威进行了辩护。第一，他提出情境本身并不是主观的。他指出，不管是否意识到一种满足（satisfaction），满足与不满足都是有着客观条件的客观事物。它意味着客观因素的要求实现了。杜威认为，疑惑和不确定性不仅仅只存在于个体一方，整个互动过程也以此为特征。所以解决问题、恢复协调不只是要满足个体的要求，还需要改变情境，而这需要转变所有互动过程中的构成性要素。所以从互动论的角度看，杜威的知识论并不完全是主观主义的。实际发生的状况是互动中的构成性要素需要进行转化。教师个人的实践性知识并非完全的主观性知识。

第二，杜威区分了改变个体自己态度的主观主义和改变客观环境的主观主义。通过实验性经验获得的知识具有后者的特征。在杜威看来，个体“自己培育出来的、被珍视为目的的自我的变化，有别于把自我的变化作为方法/手段，并通过行动来改变客观环境”（Dewey, 1929：275）。后者所含有的主体性（subjectivity）“使我们拥有了一些条件，用来控制已经验过对象的发生，它由此提供给我们进行调节

（情境）的工具”（Dewey，1929：275）。

第三，杜威所说的知识对象是探究的结果，不同的探究过程会有不同的知识对象。这似乎意味着个体会创造他/她自己的世界，因而不同个体会有不同的主观世界和真理，而没有一个客观的真理。因此，这不仅会导致一种极端主观主义，而且表现为一种相对主义。教师实践性知识似乎常被批评具有类似问题。杜威虽然承认这种知识的主观成分，但他认为，这对个体来说并不是问题——不管如何，这些完全是个体的事情，而无关其他人，认为它们是真实的或错误的是荒谬的（Dewey，1978a［1911］：12-68）。只有当这种知识涉及共同的目标时，才会有问题。因此，比斯塔和波布尔认为："关于真理与错误的问题，关于如何呈现我们个人的知识对象和我们的直接经历，只有在社会性情境——一个我们和别人一起行动的情境——中才会具有相关性。"（Biesta et al.，2003：99）只有在与别人的互动中，协调我们个体的、独特的世界才会成为需要，这样才能产生一定的共同理解。而这也就显示出交流的重要性，并自然引出了民主的问题。共同理解涉及"态度的相似性"（likeness of attitude）或"多样态度的一致性"（agreement as to proper diversity of attitude）（Dewey，1978a［1911］：17）。按照这个理解，我们一起参与创造出一个"主体间性的"世界（intersubjective world）。这自然就消解了客观主义和主观主义的二分问题。涉及教师实践性知识的主观性之真与假、对与错的问题，也只有在共同目标下和牵涉到公共利益时才会是问题。也就是说，只有在社会性情境中，个人实践性知识的真与假才会成为问题。

四、人本主义，不是相对主义

不同的探究过程会导致个体拥有不同的主观世界和真理，没有客观真理，因而表现为一种主观相对主义。不仅如此，杜威知识论中的知识的相对性似乎还体现为个体以独特的方式建构知识，然后把它们融入自己的实践中。知识作为对象具有社会性，是相对于某个传统的。杜威的知识论被认为具有相对主义的特点，因为它没有绝对地、去情境性地决定告诉我们哪种知识应当持有或放弃。

比斯塔和波布尔指出，在杜威看来，太多的社会性和传统会减少批判现状的机会。也就是说，从杜威的立场看，使用太多社会理想与社会标准，会导致与实际的人的生活与人的关注（human concern）的脱离。所以，杜威使用后果主义（consequentialism）来回应相对主义（Biesta et al.，2003：101）。科学的视角能帮助我们明白什么是可能的，但它无法让我们预测和思考目的与结果。后果主义使我们专注于我们的行动和思考的目的与结果。因此，杜威的实用主义视角关心当我们以某种方式行动或遵循某些想法时，什么会随之而来。知识就是要清楚表达我们做什么以及这个行动带来了什么（Biesta et al.，2003：101）。但是，后果主义是不是意味着为了达到目的，就不需要考虑手段了呢？并非如此。第三章已谈到，社会性探究的任务应把有关探究的判断放在“手段-目的”的关系框架中。公共的、民主的有关目的的思考，不能离开对手段的判断和思考。只有当我们知道了我们是如何获得我们想要获得的时，我们才会知道我们的手段的代价是否太高、是否明智或是否可以接受。

比斯塔和波布尔认为，虽然杜威指出社会性是知识的重要部分，但他不宣扬绝对的相对主义，以避免导致科学智力活动完全依赖于社会性。杜威选择二者的“合一”。一方面，科学应当转化社会性的东西。我们需要以科学和民主的方式思考我们的目的，以逾越压抑的教条主义。以科学或实验的观点思考我们想取得的是否可能，并且思考以何种代价取得，这说明科学可以转化社会性的东西。但是另一方面，真理只可被理解为人的真理。杜威强调，只有科学而没有人的场景和环境是没有意义的。人的真理是人对事物的一种诠释（Biesta et al.，

2003：104）。

杜威反对脱离人的关注来思考知识。真理存在于共享的社会环境中。正如他所说的："对于科学结论的解释，要联系那些结论会给我们生活所有阶段的目的和价值的信念所带来的后果来进行。"（Dewey，1929：313）所以，在比斯塔和波布尔看来，杜威的知识论具有人本主义（humanism）特征（Biesta et al.，2003：104）。但是，这并不是说这种知识以个人满意度作为唯一的真理标准。正如杜威所写到的："实用主义者所做的是，坚持人（类）的因素必须从其自身与环境因素的合作中发展出来。"（Dewey，1978b［1910］：10）因此，比斯塔和波布尔表明，杜威的立场不是相对主义，而是人本主义，而且从上面也可以看到，这种人本主义不是个体性的人本主义（individualistic humanism），而是主体间性的人本主义（intersubjective humanism），即只有在与别人的合作中并通过这样的合作，通过交流以及共同、民主的考虑，我们才能充分显示出人的本性（fully human）（Biesta et al.，2003：104）。

五、理论与实践的关系

最后，我们再讨论一下杜威是如何看待理论和实践的关系的。现代哲学关于意识与世界的二分框架导致两个问题：一个是我们如何知道我们所在的并活动于其中的世界；另一个是我们所知道的和我们的行动之间的分离。杜威打破了这种二分框架，这两个问题在很大程度上也就自动消解了。杜威认为我们的知识并不在行动领域之外，他的互动论认为知识是行动中的一个因素。识知是一种被引导的活动（directed activity），是"一种模式的'做'"（a mode of doing），是概念性操作和实存性操作的互动结果（Dewey，1929：204）。他进一步认为我们的知识是"可错的"，但这种可错性是针对实际情境而言的，而不是在知识本质上而言的。他这样写道：“通过明智指引的行动，我们对各自信念的应用得以发展，也因此，我们的任何一个信念都受制于其被应用时引发的批评、修正甚至最终消除。”（Dewey，1977c［1906］：98）

杜威认为，理论与实践的关系就是知与行的关系，二者彼此依赖，不可分割。他写道：“理论脱离了具体的行动和实践，是空洞和无用的；此时，实践就变成了一种对环境所提供的机会和乐趣的当下捕捉，没有方向，而那样的方向是理论——知识和观念——有力量去提供的。”（Dewey，1929：281）比斯塔和波布尔解释认为，在杜威看来，知与行是必然联系着的。理论和实践之间没有知识性区别和知识性分离。二者都是实践类型；二者只有功能（function）上的区分；二者都包含认知与行动，只是侧重不同。（Biesta et al.，2003：87）所以，杜威否认理论的地位高于实践的地位的观点。换言之，杜威否认以下论断：理论带给我们永恒不变的“实在”，所以是真理，所以是上位的；而实践是处理行动和不定的事物的，所以是下位的。在杜威看来，二者之间的关系实际上是在行动框架下的水平关系（horizontal relationship in the field of action）。只是，杜威的视角突出了行动和实践，并认为理论是行动的一个功能（Biesta et al.，2003：87）。

从杜威的实用主义视角看，知识呈现为一种工具。从教育科学研究中产生的知识因而也可被看成一种工具，而通常我们把通过教育科学研究产生的知识等同于教育理论。知识作为工具，不管被冠以“理论性的”还是“实践性的”名号，都会帮助教育实践者发现他们面临的问题情境，并发现问题情境的“意义”是什么（即找到是什么打破了情境的持续性）。这会为教育实践者提供更好的反思机会，以便找到和建构恢复协调情境或解决问题的方法，而在这个过程中，知识作为工具，同样起到了支持作用。

六、总结

本章主要对杜威的实用主义知识论进行了多方面的反思。笔者首先回顾了杜威知识论中“知识”概念所表现出的特征。第一，在杜威的框架中，知识的对象是过程，知识表现为互动过程的一种形式，即行动作为手段与其后果之间的关系。这与其第二个突出特征有关，即杜威知识论中的知识存在多个层面的关系性，包括知行合一、概念性操作和实存性操作之间的一致性以及知识与经验的关系。第三，这种知识还是建构性的，即知识的对象必须从已有的材料中，借助观念、已有的知识、理论、推理和判断以及行动的配合建构出来。第四，杜威知识论中的知识是功能性的，或者如杜威所说是工具性的，但与西方所谓的“工具理性”并不是一回事。基于这些特征，笔者进一步回应了与杜威知识论相关的几个问题。其一，杜威知识论中的知识不是主观性的知识，而是主体间性的知识。其二，杜威知识论中的知识并不是相对主义的，而是涉及人的欲求的、主体间性的、人本主义的。其三，笔者从实用主义的视角探析了杜威是怎样看待理论与实践的关系的，指出理论和实践在杜威那里并不是分离的，而是统一在他的知行合一观的框架中的。

第六章 联结杜威的知识观和教师实践性知识

实践性知识的独特性，作为其固有而不能消除的特性，是紧随其后的不确定性……。（对未来行动的）判断和信念能够获得的一切，永远不会超过某种多变的可能性。

——约翰·杜威《确定性的寻求》

在这一章中，笔者在总结前面各章要点的同时，将讨论杜威的实用主义知识论与我们所关注的教师实践性知识的相关性以及这些相关性带给我们的启示。本书前面各章已对杜威的实用主义知识论做了一个较为细致的考察。我们了解了杜威的实用主义知识论和在这一知识论框架中知识的形成过程；我们理解了“识知”作为探究过程及其与知识的关系；我们还对知识、意义和真理问题进行了解释和区分；最后我们还就杜威实用主义知识论框架下的知识的本质进行了反思。应当说，这些只是针对本书首个目的而对杜威的实用主义知识论提供的“一种”相关性的解释，而不是对杜威的实用主义知识论所做的一个全面性的陈述和定论性的阐释。在这个过程中，笔者基于杜威的实用主义知识论观点对教师实践性知识做了一些初步的解释和论述。在本章中，笔者将重申杜威关于知识的理论以及它与我们理解教师实践性知识有什么样的关联，从而更好地理解教师实践性知识的本质、属性和功能。

一、杜威的知行合一观与教师实践性知识的形成

根据杜威的实用主义知识论的观点，识知是一种被引导的行动模式，而知识是探究行动作为手段而获得的后果。行动生出知识，知识生出行动，这一过程在经验中往复循环，不但呈现出知行合一的实在，而且表明一种实践性知识的存在。教师实践性知识也是这种知识存在中的一种。

我们已经看到，探究的过程始于出现了不确定的情境，导致生物体与环境的协调和互动无法持续。行动者感到情绪上的不安。这就需要相关的已有知识的指引，以便能够激发充分而适当的回应。可是要得到这样的知识，先需要考察这个不确定的情境意味着什么，它的意义是什么，即将不确定的情境转化为问题情境。换句话说，协调的互动中断后，需要恢复其原有的动态平衡，而唯一的手段是合适的行动。要有合适的行动，就要先思考是什么导致了不确定的情境，以便得出一个恢复生物体与环境互动平衡的建议。

在不确定的情境出现后，行动者观察到的事实和反思性思考中的观念联合运作，帮助我们定位问题，使我们处于问题情境之中。我们再将由概念层面发展出的解决问题的措施作为建议。具体而言，在概念性操作中，从案例中观察到的事实成为材料，我们再结合观念，包括已有知识和理论的参与、配合和引导，产生出解决问题的行动建议。行动建议也就是假设，而假设表达了行动和后果之间的一种关系。假设（建议）中的各要素的关系与现实世界中各要素的关系是否对应一

致，要通过将建议性的行动付诸实施才能知道。如果行动确实取得了期望的结果，一个和谐的情境就被创造出来了。之后，行动者通过反思行动与行动结果的关系，形成杜威所说的认知性经验。行动结果将“证实的断言”作为知识并符号化后存入行动者的知识网络或知识库中，作为应对未来问题情境的参照资源。如果行动没有取得预期的结果，则还需要继续探究。

如果人类有意识地将以上过程当作获得知识的方法，那么这意味着知识开始于实践中的问题情境。然后通过将行动（概念性操作和实存性操作的介入）作为实验手段来形成建议并最终证实建议，人类将获得有意义的认知性经验。这些认知性经验被相信为一个已经知道的对象，具有了“价值”，成为一种“知识”，并将反作用于未来的实践。这一过程反复循环，永无止境。这种知识，可以说是一种在行动世界中的持续的人的建构或再建构。因此，我们可以称这种知识为一种实践性知识。

可以看到，杜威关于知识的观点和关于知识的形成过程的论述，为在理论层面解释教师实践性知识提供了一个合理合法的解释。如第三章中的例子所指的那样，一个教师的教学行动能在其教育教学过程中顺利进行，表明他/她处在一个协调情境中。当这个情境发生中断，他/她会感到不安，即出现了不确定的情境。当他/她希望找到不安的缘由，确切地说，当他/她需要考察这个不确定的情境意味着什么、它的“意义”是什么时，不确定的情境就成为问题情境，探究就开始发生了。换句话说，要使不确定的情境恢复动态平衡，唯一的手段是这个教师做出适合的行动（或者用杜威的用语——明智的行动）来予以回应，以便使“教师-教育教学场景”的互动重获平衡。但要有适合的行动，他/她需要先观察和思考（包括运用已有知识）是什么导致了不确定的情境，从而得出一个恢复确定性情境的建议。

在思考过程中，教师观察到的情境案例中的事实，加上他/她已有的观念（包括已有知识的支持），帮助他/她定位问题。然后，观察事实成为材料，材料和教师的思考、推理与判断合作，又形成新的观念或建议，也就是形成行动和后果之间的关系的一个假设。这个行动建议是否起作用，是否能解决他/她面临的问题情境，只有将其付诸行动才能知道。如果行动明智地解决了她/他的问题，那么这个假设就获得了价值和意义，由此获得的认知性经验就成为“已经知道的对象”，也就成为他/她的实践性知识，被存入已有的知识库中，作为应对日后问题情境的资源。如此看来，知识和行动“你中有我，我中有你”，共同在实践的过程中发展，这充分地体现了杜威的知行合一的观点。当教师进入探究行动时，他/她最后所获得的认知性经验就有了对他/她而言的意义或价值，也就成了他/她的实践性知识。

二、实践中的手段与目的都是价值有涉的

杜威认为实践中的手段和目的彼此勾连、互为依存，因此杜威指出，社会性探究的任务应把有关探究的判断放在“手段-目的”的紧密关系的框架中。在杜威看来，手段与目的二者都是价值有涉的。在教师实践性知识的运用与生成过程中，不能没有对价值的判断。这意味着知识与价值合一。

杜威意义上的“探究”涉及找到解决问题的最合适的手段，但杜威所指的“探究”既包括手段，又包括后果。在探寻手段的同时，对于由可以利用的手段而导致的后果，我们也需要进行评价。探究的过程产生“紧密结合关系中的手段-后果”［means-consequences（end）in strict conjugate relation to each other］（Dewey，1986a［1938］：490）。在探究的过程中，需要有杜威所说的“预见中的结果”的参与，如此才会有合适的/明智的探究行动。所以，杜威意义上的探究不单纯指向技术性的手段，而是手段与对后果/目的紧密连接的探究。

因此，在杜威看来，社会性探究的任务应包含有关目的的判断，而且这样的判断也应参照手段。同时，社会性探究的任务还应包含有关手段的判断，而且这样的判断也应参照目的。目的与价值相关，因而关于目的的判断与价值判断有关。教育探究作为一种社会性探究，也是一种包含价值的活动，因而关于目的的判断也含有价值判断。同样，关于手段的判断，也存在什么样的手段是好的、合适的、明智的这样的问题（特别是在教育领域），因而关于手段的判断也含有价值判断。这些分析进一步说明，在教师的探究中，不仅探究的目的与价值分不开，而且手段也是价值有涉的。因此，教师作为探究者，其探究的方法和目的都会而且都应该包含价值判断，特别是教育价值判断。

杜威意义上的手段与目的的价值有涉，要求教师在教育教学行动中的实践性知识的运用和生成都与价值紧密相连。也就是说，教师在运用实践性知识以形成对不确定的情境的意义的认识，并建构进一步行动的建议时，都要结合价值进行判断。唯有如此，对情境的理解才更加清晰，要达到的目的才能与教师的教育价值相融合，而欲达到目的的手段（即行动）才会更明智，产生的新的认知性经验以及新的实践性知识才有价值。正是在这个意义上，教师实践性知识应该是知识与价值的合一。

三、交互性建构主义框架下的知识生成

杜威的实用主义知识论框架中的“实践性知识”不是主观主义的，也不是客观主义的，而是主体间性的和建构性的，这表明教师实践性知识并不完全是个体性的和主观性的。通过交流，实践性知识也可以是民主的和共有的。

由于教师实践性知识的生成过程与个人所经历的世界有关，所以它很容易被贴上主观性和个体经验性的标签。杜威的交互性建构主义，

到最后看起来包含一种主观主义，也就是说，似乎每个人建构的“实在”最终是一个他/她自己的、个人建构的“世界”。这个世界似乎只对他/她本人有意义。杜威虽然承认有这样的情况，但是他论述认为，当个体性的知识只针对个体自己而不妨害别人时，这种个体性和主观性并不是一个问题。但是，当许多个体为实现一个共同的目标而一起行动时，情况就不是这样的。这时候许多个体需要调节他们的个体方法和视角以及他们的个体行动模式，以使一个协调的回应（coordinated response）成为可能。如此，不同的个体世界通过这个过程创造出一个共享的和主体间性的世界、一个共有的事物（something in common）。杜威把这个为共同目的而在实践中协调和重组个体行动模式的过程称为交流（communication）。正是在这个意义上，民主的价值在实践中显示出了它的重要性。

杜威的这些视角无疑是对教师实践性知识的一种有力辩护，在很大程度上消解了持有传统知识观的学者的误解和忧虑。教师实践性知识虽然有个体性的成分，但最终并不是主观主义的或纯粹个人的知识，特别是当这种知识处在共同体领域之中时，处在为了共同目标而进行互动的情境之中时，它会转化为主体间性的知识。这种知识因此受益于民主观念的价值，具有改变教师的存在状态和存在环境的功能。也是在这个意义上，目前学校中盛行的教师学习共同体，会有助于把教师个人的实践性知识转化为共同体领域中的实践性知识。

四、人本主义与教师实践性知识

杜威的实用主义知识论框架中的“实践性知识”不是相对主义的，也不是绝对主义的，而是人本主义的。教师实践性知识因其个体性、情境性和当下性等，常常被批判为没有客观的标准，缺乏普遍适用性，因而表现出一种所谓的“相对主义”。从杜威的实用主义的视角看，这种实践性知识发源于问题情境，促使人反思和行动，以达到一个欲求的后果，如解决一个实际的问题、证实一个假设、改变一种现状等等。这其中包含着每个个体的价值、关注和欲求。因此，与杜威的看法一致，笔者认为这种实践性知识基于人的欲求、向往和关爱，是朝向“人的关注”和人的目的的，而没有过分受到“脱离了人的关注的”标准和制度的限制。在这个意义上，这种知识具有人本主义特征。教师探究的终极目的是使其教育教学实践和行动更加明智，是希望教育后果达到来自“人的关注”的教育目的。在这个意义上，教师实践性知识不是相对主义的，而是人本主义的。

五、理论与实践的关系以及明智的教师实践

杜威的实用主义知识论呈现了一个不同于当下的对理论与实践关系的普遍理解。这使教师在各自的实践和探究中获得了更多的能动性和自主性，提升了教师对自己的专业的身份认同感。对此，本部分从以下三个方面加以阐释。

（一）反对理论和实践的二元对立

杜威关于理论和实践的关系的看法不是二元对立的。上面的论述表明，在杜威看来，科学探究的对象和常识探求的对象不是固定不变的实体，而是实验性互动的过程，或者说是引导经验的方法。因此，杜威的实用主义知识论把知识看作明智行动的一种手段和工具。他同时认为：

> 任何工具想在现实中有效地运行，必须对已经存在着的对象有所考虑……，但是考虑与完全服从于已经存在着的事物不是一回事。这种考虑应该是为了实现一个目的对已存在的（事物）进行的调整。(Dewey，1929：207)

这说明知识在行动中只扮演一个功能性角色，这也表明在行动中，行动者不应该采用不加判断、完全照搬已有知识的方式。

如果像杜威所说的那样，知识类似于工具，理论可被看成知识模式中的一种，那么理论也是帮助教育实践者获得他们想要和应当达到的教育目的的工具。在杜威的实用主义的视角中，理论不是规范和指令，而是表达行动及其后果之间的关系的“可能性”。理论是用于帮助解决教师日常实践中的问题的，从而让他们的实践更加明智。因此，行动者不加思考地只是服从理论是盲目的，而且并不一定会导致明智的行动，甚至对自己的实践根本不起作用——这种例子已经不胜枚举。

杜威实用主义视角下的实践性知识的生成，包含行动者的反思过程。这表明探究者需要有意识地培养和加强杜威所强调的反思能力，包括判断能力。这也许是教师（作为实践者和探究者）需要拥有和培养的专业素质。在教育教学实践中，教师对教育教学理论、政策、规章和标准等在实践中的运用，如能结合具体而多变的情境进行反思、判断和行动，那么，他/她的实践将与套用理论、照搬规则的教育实践全然不同。这种实践反过来体现的是教师作为专业人员的专业性和能动性，而不是像流水线上被动的执行者那样。

传统的理论与实践二分现象和理论“指导”实践的偏见，导致理论似乎等同于实践的指令。通过“实验法”获得的实践性知识，不仅不是脱离实践的理论和专家意见，而且，根据杜威的观点，这种知识就未来的行动而言只表示可能性。这种知识具有不确定性，因而也具有风险性。也因此，这种实践性知识不会给教师提供行动的准则和指令。最重要的是，杜威主张，教师应将其教学行动和实践置于教师个体的“智能主动性”（intellectual initiative）之上，而不是直接盲从外来的理论或专家的意见。这种“智能主动性”，来源于杜威所说的实验室理念（laboratory ideal），它主张教师要培养和发展主动的反思性与基于明智的创造性（Dewey，1927［1904］：15）。

杜威明确批判过教育理论和教育实践的二分与对立。他曾指出，在对师范生的教育中，一种实践取向是只教给师范生直接的技能和技巧，另一种实践取向是把实践当作一个实验工具，为具体化和阐明智能性方法（intellectual method）（基于教育理论知识的教育教学方法）而进行和开展，以帮助师范生理解和获得真正的"教育理论"（Dewey，1927［1904］：15）。杜威认为前者是把理论与实践二分的做法。在他看来，理论和实践二者实际上应该"一同从教师个人经验中生长出来，并又促进生成教师的（重构的）个人经验"（Dewey，1927［1904］：15）。因此，他倡导第二种取向，即实践可以作为一个实验工具来帮助师范生或教师以自己的经验去"例证"和"活化"教育理论，然后将之作为个人"经验过"的知识再反馈回真正的实践中。杜威所描述的这种"经验过"的知识，类似于教师实践性知识。在此过程中，教育理论作为实践性知识的一部分，作为"工具"帮助教师个体得到他/她想获得的更好的实践（Dewey，1927［1904］：20）。于是，杜威主张师范生要有理论准备，然后再进入学徒式的实践技能学习。实践技能与理论应一起来源于教师个体经验，并通过实践持续地丰富、修正个体经验，从而再反作用于教师个体的教育教学实践，如此形成一个循环，没有终点。但是，杜威强调，更为重要的是上面提到的个体教师的"智能主动性"，因为实践与理论是融合于个人经验中的，而"智能主动性"的参与，包括他提倡的所谓"独立的明智"（independent intelligence）的参与（Dewey，1927［1904］：16），会带来更具价值的经验。杜威所说的这个"智能主动性"恰恰突出了教师作为专业人员的"能动性"（agency）。

（二）知识的工具主义消解了理论与实践之间的竞争关系

杜威关于知识的工具主义的理解，消解了理论与实践之间的竞争关系。杜威为知识赋予了工具属性，这意味着既然知识可以被看作工具，那么所谓的具有理论原则性质的知识和具有实践操作性质的知识就都是工具。从这个意义上看的话，追问哪种工具更真实可能没有多大意义。给知识贴上“理论性”和“实践性”的标签，并讨论哪种知识更真，也没有太大必要。

在实用主义知识论框架下，更为有意义的问题是：我们能用那些知识“工具”做什么。这进一步意味着，争论理论知识优先还是实践知识优先也没有太大意义。我们关注的问题应是各种工具、各种知识对象，概念性的也好，实践性的也好，如何能够彼此合作来帮助我们解决日常活动/行动中遇到的实际问题。这就是说，我们更需要关注和讨论如何综合、配合与协调我们手头的各种知识工具（理论的、操作的），以使我们的实践更加明智。如此，理论服务于实践，就是指实践有了问题就来寻求理论的参与，让理论加入实验性的探究中，以解决实际问题。而探究获得的结论反过来证实假设，形成新理论，同时丰富、修正或否定已有的理论。然后，我们重新调整理论网络，为未来的实践提供支持。这个过程循环往复，永不止息。理论与实践二者是盟友，而不是竞争者。

（三）理论与实践的社会性/功能性区别消除了二者的高低之分

在杜威看来，理论与实践的区别不是知识论上的区别，而是社会性和功能性区别，这消除了理论与实践谁高谁低的争论。如果采纳杜威所论述的，即知识是人的行动中的一个因素和一个结果，那么，知识并不先于行动。同样，理论并不先于实践，而是产生自实践，并作为工具反馈于未来的实践。因此，从杜威的实用主义知识论看，教育理论知识和教师实践性知识的区分是社会性分工带来的，因而不存在教师实践性知识的地位比教育理论知识的地位低的说法。它们只是在功能和目的上有所不同而已。

根据杜威的实用主义知识论，教育理论来源于教育教学实践中的探究行动；反过来，实践的持续发展也需要已有教育理论的参与和支持，教育理论在实践中担当重要角色，包括引导观察、解释事实、建议计划和判断价值等。理论和实践“你中有我，我中有你”，只是在不同阶段各自含有对方的比例不同。这意味着我们没有必要抬高教育研究者生产的知识——因为它带来理论，也没有必要贬低教育实践者通过探究获得的知识——因为它只是个人情境性的经验。反过来，我们没有必要过分抬高教育实践者在实践中生产的知识——因为它解决了具体问题，也没有必要过分批评教育研究者建构的知识如何空洞——因为它过于理想而与现实不符。理论与实践同样都是工具，只是有着各自不同的用途和功能。它们不是二分的，但是我们非常有必要讨论它们如何能够恰当地配合与协调工作，以便更好地引导教育教学实践更加明智地发展。因此，杜威的实用主义知识论帮助我们避开了广泛存在于二者之间的高低之争。在这个意义上，教师无须认为自己从实践中探究到的实践性知识“难登大雅之堂”。

六、总结

在这一章，笔者主要梳理和概括了杜威的实用主义知识论与教师实践性知识的相关性。在杜威知行合一的理论视角下，知识是由行动产生的，而且是使未来行动成为明智行动的工具。这一过程在经验中往复循环，不但呈现出知行合一的实在，而且表明一种实践性知识的存在。我们讨论的教师实践性知识也是这种知识存在中的一种。杜威认为实践中的手段和目的是紧密联系在一起的，因此指出社会性探究的任务应把有关探究的判断放在“手段-目的”的关系框架中进行。在杜威看来，手段与目的都是价值有涉的，这在教师实践性知识的运用与生成过程中显得尤为突出。这反映出杜威的实用主义知识论中知识与价值合一的观念。不仅如此，针对杜威的实用主义知识论框架中的实践性知识是主观主义的这一看法，本章回应指出，这种知识的本质不是主观主义的，也不是客观主义的，而是主体间性的和建构性的。这表明教师实践性知识并不完全是个体主义的和主观主义的。根据杜威的交流理论，实践性知识也可以是民主的和共有的。此外，在实践性知识的形成过程中，行动者想实现的明智行动的目的，包含行动者作为一个人具有的欲求、向往和关注，在这个意义上，这种知识还具有人本主义特征。最后，杜威的实用主义知识论呈现了一种不同于当下的对理论与实践的关系的理解。在知行合一的理论视角下，理论性知识和实践性知识其实是一致的和相互配合的，都是作为获得明智行动的工具而发挥作用的。同时，这种理解理论和实践的方式，使教师在各自的实践和探究中获得了更多的能动性和自主性，提升了教师对自己的专业的身份认同感。

第七章 从教师的实践性知识到教师的实践性判断

尽管一切思考的结果都被归结为知识，但是知识的价值最终还是服从于它在思考中的运用。因为我们并不是生活在一个固定不变的和完结了的世界，而是生活在一个向前发展的世界。在这个世界中，我们的主要任务是展望将来，而回顾过去——与思考不同，一切知识都是回顾过去的——的价值在于它赋予我们对未来的处理以可靠性、安全性和丰富性。

——约翰·杜威《民主主义与教育》

到目前为止，前面各章的讨论主要是围绕本书的第一个目的而展开的，即寻求实践性知识的合理合法性。可以看到，杜威的实用主义知识论，或者准确地说，他的知行观，为实践性知识的合理合法性提供了依据和支持。然后当我们把目光转向实践性知识的运用时，新的问题出现了。在实践中，实践性知识是如何被选择和运用的？对这个问题的思考，让另一个重要的概念浮现出来，这就是实践性判断。本章的主要任务是突出实践性知识和实践性判断之间的关系，特别是强调实践性判断对于实践性知识和实践的重要性。最后本章思考了这对教师的专业实践意味着什么以及对教师教育意味着什么。

一、从理解实践性知识到关注实践性判断

前面各章的阐释提供了一个杜威实用主义知识论视角下对教师实践性知识的理解。杜威关于知识的理论，为实践性知识这一知识类型的合理合法性提供了依据和支持。从中我们可以看到这种知识与行动之间的紧密联系。正是基于杜威的这种知行合一观，舍恩发展了他的"实践的认识论"（Schön，2004：72），比斯塔则把杜威的知识理论称为"实践认识论"（practical epistemology）（Biesta，2007：11）。虽然芬斯特马赫把教师实践性知识纳入了亚里士多德的实践推理（practical reasoning/phronesis）的范畴（Fenstermacher，1994），但我们不应忘记，杜威行动哲学的很大一部分是继承和发展自亚里士多德的行动哲学的。

如果说前面各章主要是围绕对实践性知识的"理解"及其合理合法性而做出阐释和论述，那么，对实践性知识的"运用"和"选择"是紧接着需要思考的问题。行动者是否直接从自己的知识网络或知识库中提取实践性知识来处理自己面临的问题呢？具体到本书的主题，我们要思考：教师在自己的教育实践中是如何运用自己的实践性知识的？教师是如何从自己的知识库或知识网络中选择和提取实践性知识的？这样的问题，其实质所涉及的就不只是教师实践性知识本身了，而是它的"合作伙伴"或"盟友"——实践性判断。

实践性判断，最初来自亚里士多德的概念"phronesis"。在英文中，这个词被解释为"practical judgment"，有时也被解释为"practical reasoning"。在中文中，它一般被译为"实践智慧"或"实践推理"，

甚至直接被译为“明智”[①]。显而易见的是，知识并不等同于判断，就如同知识不等同于智慧一样。但是，知识与判断的关系至为重要。邓友超曾讨论过知识与智慧的关系。他说：

> 尽管知识与智慧不同，实践知识与实践智慧也不同，但知识是可以转化为智慧的，实践知识也是可以转化为实践智慧的。正所谓“知识包含有智慧的萌芽，而智慧则不能脱离知识经验，论证从知识到智慧是统一于实践基础上的认识”。(邓友超，2007：120)

如果智慧与明智相近，而明智与实践判断密切相连，那么这里所提到的实践智慧，与本书所关注的实践性判断就是极为相近的表述。由此我们也看到了实践性知识与实践性判断的潜在联系。有鉴于此，笔者在下面将基于前面各章已经呈现的论述和理解，从杜威的著作中梳理和重构他关于实践性知识与实践性判断的关系的认识，并且突出实践性判断在反思性实践中的重要性。

二、杜威论实践性知识和实践性判断的关系

以上对实践性知识与行动的关系的总体性论述，让我们从对实践性知识的理解开始转向对实践性判断的关注。就本书的主题而言，我们需要开始思考在教师的教育教学实践乃至教师教育实践中，实践性知识是如何被选择和运用的。这涉及的是教师的实践性判断发挥的作用。显然，这个问题需要放在实践性知识与实践性判断的关系中来讨论和理解。

---

① 中文版《尼各马可伦理学》(廖申白译，2003 年版) 把“phronesis”译为“明智”。这与本书中所讨论的杜威的关键概念“intelligence”的中文译法重合，所以，为避免混淆，本书把“phronesis”译为“实践判断”，而对杜威所强调的“intelligence”保留“明智”这一译法。

但是，我们对二者的关系的理解，仍然需要得到更确实和更具体的呈现，特别是从杜威自己的思想中找到支持和印证。令人惊奇的是，杜威本人在自己的不同著作中，明确讨论过实践性知识与实践性判断之间的关系。从杜威那里我们看到，虽然二者密不可分，但相对于实践性知识而言，实践性判断对行动更具有决定性和引导性的作用。特别值得我们关注的是，实践性判断在生成的过程中依靠了知识的“支持”，其中自然也包括实践性知识的支持。

在著作《我们怎样思考》（1909）中，杜威就论述道，面对令人不安的情境，行动者首先需要确定问题是什么，即解释问题的独特意义，而这需要的正是判断。行动者借助判断选择合适的观察到的事实和材料，从而引导意义的形成；然后进一步，为了解决问题，又需要思考和判断的帮助来形成建议或假设，即解决问题的一些观念，这是因为只有事实和手边的材料并不能解决问题，而只能依靠思考和判断，通过“思想实验”（thought experiment）来形成建议；最后，还是运用判断从多个建议中选择最合适的一个建议（或者用杜威的用语——最明智的一个建议），作为下一步行动的计划。但是，建议是从哪里来的呢？杜威这样说：

> 那么建议的来源是什么呢？显然，是来自过去的经验和以往的知识。如果一个人对相似的情境比较熟悉，如果他之前曾经处理过类似的材料，那么恰当而有帮助的建议就可能会出现。但是，除非有过某种程度上类似的经验，即现在可以在想象中重现的经验，否则，问题依然只是问题。那样的话，就没有任何东西可以提供帮助去解释清楚问题。（Dewey，1909：12）

从这段引言中可以看到，“过去的经验和以往的知识”，是行动者在新问题情境下走出困境的建议来源。由此，我们也可以将它们理解为已获得并“库存”了的认知性经验，或者认知性经验被符号化之后的所谓“实践性知识”。这些经验和知识以及从经验和知识中提升出来的意义的集合，为实践性判断提供了资源网络，或者说提供了杜威所说的“工具”。与此同时，在情境中新建构的观念，作为对当下情境的暂时性解释，也为判断提供了一个工具。杜威这样论述道：

> 我们停下来并思考，我们推迟（de-fer）下结论为的是更加彻底地推断（in-fer）。在意义只是有条件地被接受这一过程中，即（在这一阶段）意义被接受只是为了考察，意义成为观念（idea）。换句话说，观念是暂时性地被考虑、建构和使用的“意义”，而且要参照这个意义对于判定一个让人迷惑情境的适合性来考虑、建构和使用；观念是一个“意义”，而且这个意义是被用作判断的一个工具（tool）。（Dewey，1909：108）

可以说，在这个阶段，材料、知识和观念都是实践性判断的工具。

值得我们关注的是，杜威还特意对信息（information）与智慧（wisdom）做了区别。在笔者看来，这一区别的重要性在于它其实也是对“静态知识”和实践性判断的区别。当我们从动态的实践中获得的实践性知识成为已有知识的一部分时，它也是静态知识。所以杜威提供的这一区别与实践性知识和实践性判断的区别具有相关性。杜威这样写道：“信息仅仅是获得的和存储的知识；而智慧是运行于引导力中的知识——这种引导力把行动者带向更好的生活。信息，仅仅作为信息，并不蕴含任何的智力的特殊训练；而智慧是那种智力训练最精妙的结果。”（Dewey，1909：52）从上下文来看，杜威是把智慧基本等同于“优质的判断”（Dewey，1909：52）的，因为他紧接着这样论述：“学问不是智慧，信息不会确保好的判断。记忆提供了一个抗菌防腐的冰箱，保留着意义的存储库，以备将来使用，然而正是判断选择和采纳其中的一个意义，运用于一个给定的紧急状况中。”（Dewey，1909：107）从这里，我们可以看到杜威极为看重实践性判断在行动中的作用，并明确地将其与信息/静态知识加以区别。

同样地，在《民主主义与教育》（1916）中，杜威强调了类似的区别和联系。在他看来，经验通过思考的参与，虽然生成了实践性知识，但是知识的价值不在于提供永恒不变的所谓“真理”从而为实践提供指令。杜威强调，实践性知识的价值服从于思考中对知识的“运用”。他这样写道：“思考导致知识，但是知识的价值服从于思考中对知识的运用。过去的知识的价值在于为未来提供坚实性、安全性和丰富性。”（Dewey，1997b［1916］：151）杜威紧接着写道：

> 尽管一切思考的结果都被归结为知识，但是知识的价值最终还是服从于它在思考中的运用。因为我们并不是生活在一个固定不变的和完结了的世界，而是生活在一个向前发展的世界。在这个世界中，我们的主要任务是展望将来，而回顾过去——与思考不同，一切知识都是回顾过去的——的价值在于它赋予我们对未来的处理以可靠性、安全性和丰富性。（Dewey，1997b［1916］：151）

杜威这里所说的“思考中对知识的运用”“知识在思考中的运用”，显然指的正是“判断”的重要功能。

如果说在稍晚一些的著作《确定性的寻求》中，杜威把已有的知识描述为“工具”，那么，对他而言，判断所涉及的一项重要功能则是在探究中通过想象来运用那些工具。他说：“先前知识的结论是开展新探究的工具（instruments），而不是决定那些探究的合法有效的规范（norm）。”（Dewey，1929：187）那些工具的集合，只是构成了他所说的“知识库”（store of knowledge）（Dewey，1929：174）。杜威用医生做诊断的过程作为例子，来解释知识与判断密切合作的过程。医生通过观察得到感官材料，又通过判断选择留取与病情最为相关的感官材料；接着，感官材料又引导他通过判断而从自己的知识库中选择相关的观念；假定的观念又进一步激发新一轮的观察。如此，观察到的材料和观念共同合作，使医生逐渐明确了情境中的问题所在，同时也确定了最终的判断或诊断，并制定/确定了治疗的措施。如果治疗有效，则前面探究过程产生的新观念会被添加到医生的专业“知识库”之中，使对症状的后续观察更加精细，范围也有所扩大，“知识库”自然也会得到扩充。如果治疗没有起到作用，则至少也会获得“行不通”的经验和知识。可以说，观察和观念之间的合作过程是没有限度的（Dewey，1929：174-175）。从这里也可以看到，相对于实践而言，实践性知识和实践性判断表示的都是一种可能性，而不是确定性。杜威这样说道：“实践性知识的独特性，作为其固有而不能消除的特性，是紧随其后的不确定性……。（对未来行动的）判断和信念能够获得的一切，永远不会超过某种多变的可能性。”（Dewey，1929：6）

三、教师的实践性知识与教师的实践性判断

从杜威的知行合一的理论视角，我们已经看到，实践性知识和实践性判断之间有着密切的关系。让我们再重申一下实践性知识与实践性判断配合的过程与结果。实践性知识来源于经验，特别是有反思参与的经验。必须注意的是，在反思过程中，涉及的解释情境的意义、建构解决问题的观念、选择行动的路线等等行动，都是判断性的操作或行为。判断最终从众多力图解决问题的建议中，选择最明智的一个作为下一步行动的计划，而行动的后果验证建议（观念）的实效。然后，如果行动者进一步反思，在作为手段的行动及其后果之间建立起联系，赋予经验以认知性的价值或意义，则形成了杜威所说的“认知性经验”。它被转化为符号后，就成为我们所说的实践性知识。认知性

经验相对于未来的某一个经验而言，拥有了参照性和支持性的功能，因而拥有了自身的“意义”或“价值”。思维活动进一步将其归入行动者的“知识库”或“符号性资源库”（symbolic resources）中（Biesta，2007：15），为日后类似情境中的判断提供需要的价值、方向和意义。由此可见，实践性判断是知与行之间的枢纽，与实践性知识紧密联系着。

然而，实践性知识与实践性判断的关系，并不是一种前后依次承接的线性关系，而是一种互相配合、循环往复、前后协调的动态关系。一方面，实践性知识在这一配合关系中的角色是支持性和功能性的。如杜威所论述的，实践性知识并非永久性的、不变的、被当作指令的知识。在未来遇到相似的“新问题情境”时，明智的行动者并不是“照搬”过去形成的实践性知识，而是通过反思进行新的判断，以决定下一步的行动。于是通过反思，已有的实践性知识作为工具参与到判断中来以提供理性和智力支持，帮助行动者做出明智的判断。因而我们不能忽视实践性知识在实践性判断中提供的智能支持和帮助。

另一方面，实践性判断在与实践性知识配合的关系中，具有多重功能。其一，判断使行动者合理选择实际情境中观察到的具有相关性的事实或资料，将其与自己“知识库”中相关的实践性知识或意义建立联系，以帮助行动者理解和解释不确定的情境的意义所在，进而明确问题之所在和界定问题。其二，行动者通过判断，选择已有的实践性知识和他欲达到的目的作为参照，从而形成解决问题的（一个或多个）建议（或观念、或假设、或行动计划），并再次通过判断选择应对问题情境的最为明智的一个行动计划。其三，判断的过程，是知识与推理之间来回互动的过程，是导致行动者的识知历程循环往复、螺旋上升的过程，是导致知识内容不断被修正（当然也可能被放弃）的过程。其四，判断在知识与推理的互动过程中起着联结过去经验和未来行动的作用。也正是由于实践性判断的作用，实践性知识才和行动建立起关系，才使行动得以持续和更加明智。

从以上的总结性分析可以看出，在教师的实践性知识和实践性判断之间也存在类似的密切关系。教师的实践性知识，即过去的教育教学实践经验曾经“证实”的“意义”，为教师反思行动计划提供了资源和工具，教师的实践性判断则涉及如何“选择”和“运用”那些实践性知识。恰恰在这里，我们看到，对于教师的实践性知识能否在教师的实践中发挥作用或更好地发挥作用，教师的实践性判断起着至为关键甚至关乎成败的作用。杜威强调，如果教师充分地被他们自己的“独立的明智”所驱动，那么教师盲从别人和各种教法或理论的倾向就不可能存在，而拥有了他们自己的“智能独立性”（intellectual independence）（Dewey，1927［1904］：16）。照此，杜威也同样会说，教师如果充分运用自己的独立的实践性判断，那么盲目使用自己的实践性知识、“别人的”理论知识或专家知识的倾向也就不可能存在。

正因为如此，加里森（J. Garrison）主张实践性判断和实践性知识在教师教育中共同承担着角色。他指出：“在教师教育和学校管理人员的培养中，最为重要的工具、最为重要的手段，在任何实践情境中，都是实践者的实践智慧（这里可理解为实践判断）和知识。”（Garrison，1999：303）海尔布伦则更为直接地强调实践性判断对教师实践的重要性。她写道：“正是通过（教师）对判断的运用，合适的行动才能在任何独特偶发时刻被熟练地引导。”（Heilbronn，2008：93）因此，从教师教育的角度来讲，我们不仅需要在教师教育中帮助教师发现和丰富他们的实践性知识，而且，同样重要的工作是，我们需要帮助教师拓展和加强他们的实践性判断，从而使他们能够充分而持续地提升反思性实践的水平。

除此以外，关注实践性判断，对研究和理解教师实践性知识本身也具有独特价值。芬斯特马赫指出：

> 实践性判断还可以考虑并处理行动的道德方面的问题，这表明它是众多不理想的选项中公平、合理和最优的选项。如此，它使我们考虑教学中的道德维度得以可能——这一维度被人认为是教学事业中的核心所在。实践性判断使得同时考虑教学的认识论和道德维度得以可能，这是把实践性判断考虑为研究教师实践性知识的一种路径的令人信服的原因。（Fenstermacher，1994）

并且，芬斯特马赫还认为，实践性判断作为一种手段，让教师实践性知识的缄默元素得以转化到被意识到的层面，从而使教师的反思得以可能（Fenstermacher，1994）。

四、总结

在前面关于实践性知识的理解的基础之上，本章主要讨论实践性知识的应用问题。对实践性知识的应用，让我们发现了实践性判断的重要性。这促使我们进一步分析实践性知识与实践性判断在反思性实践中的关系。随后，本章系统考察了杜威在自己的著作中是如何表述和分析二者的关系的。总之，在杜威看来，二者在反思性实践中具有不同的功能。实践性知识为未来的经验和不确定的情境提供解决问题的资源和工具，而实践性判断发挥的是“运用”和“选择”资源的功能，从而解释问题情境，生成解决问题的建议，引导行动的方向，使行动者更明智地开展反思性实践。二者彼此配合，循环往复，没有止境。这些对教师的教学实践和教师教育来说都是非常重要的洞见。同时，教师的实践性判断对研究和理解教师的实践性知识也具有独特的价值。

可以说，到目前为止，本书前面各章对实践性知识的合理合法性的讨论，主要处理的是认识论的问题。然而，教师在工作中真正要面对和处理的是大量实践性问题。面对那些实践性问题，如果他们总是期待更好和更合适的实践，那么他们必须做出该如何行动的实践性判断以及选择哪种行动的实践性判断。这意味着，如果我们总是期待更好和更合适的实践，首要的关键可能不是实践性知识，而是对实践本身的理解和对实践性判断的开启，在此基础上，知识才能参与到判断过程中提供智能支持。由此可见实践性判断对教师实践的首要性。笔者的考察表明，杜威的知行观不仅讨论了实践性知识，而且以大量文字论证了实践性判断的重要性。那么，杜威关于实践性判断的论述是否能对教师的教育教学实践发挥作用？如果能，会是什么样的作用？这对教师教育而言又意味着什么？为了寻求这些问题的答案，我们先要基于杜威的行动哲学系统探讨一下杜威是如何理解实践性判断的，而这将是下一章要阐述的内容。

第八章 杜威论实践性判断

要对以下二者加以区分：一个是仅对某个已存在事实的报告，另一个是对让某个事实得以存在的重要性和需要性的判断，或假如这个事实已经存在，对维持这个事实的存在的重要性和需要性的判断。后者是一个真正的实践性判断，并且标志着与行动方向有关的唯一类型的判断。……重要的是，要把这个区别认可为理解价值与行动方向的关系的关键所在。

——约翰·杜威《确定性的寻求》

从上一章我们可以看到，实践性知识与实践性判断有着密切的关系。二者并不等同，但是二者在反思性实践中是紧密合作的同伴和盟友。在二者的关系中，实践性知识服从于实践性判断。为了进一步理解实践性判断在教育实践和教学实践中的角色，有必要在杜威知行合一观的视角下深入理解实践性判断。这需要系统梳理和重构杜威关于实践性判断的理论。本章先对杜威关于实践性判断的观点加以阐释，接着探讨实践性判断在行动中的角色，然后着重阐释实践性判断与价值的关系，最后对亚里士多德和杜威关于实践性判断的思想加以比较，揭示杜威对亚里士多德实践判断理论的继承和发展。

一、杜威对实践性判断的理解

如何理解杜威的实践性判断概念呢？下面从六个方面的特征对杜威有关实践性判断的论述进行描述、分析和阐释。

第一，在杜威的知行观体系中，判断和前面提到的识知相伴同行，也是始于不确定的情境（Dewey，1909：102），或始于对问题情境的探究。判断是在紧急的状况下，为了将不确定的情境恢复为确定性情境而进行断定。杜威论述道："没有紧迫情况（一些或轻或重的危机），也不会呼求判断。"（Dewey，1909：106）问题情境引发了杜威所说的"探究"，而探究引发反思。因此可以说，判断与杜威所说的反思密切相关，或可以说判断是反思的一部分。在杜威看来，反思意味着"悬置的判断"（suspended judgment），即意味着避免不加考量而下的判断，避免只是依据习惯而下的判断，避免人云亦云而下的判断，避免随心所欲而下的判断。杜威这样解释："反身性思考，简而言之，意味着在下一步的探究中悬置判断。"（Dewey，1909：13）换句话说，在杜威看来，只有经过反思而得出的判断才是好的判断。他把这种反思称为一种"批判性思考"（critical thinking）。杜威这样写道：

> 批判性思考的本质是悬置判断；而悬置的本质是探究，从而在进一步试图解决问题之前，先判定问题的本质。如此，相比其他任何事物而言，它（批判性思考）在把单纯的推断转化为验证过的推断，把建议性的结论转化为证据。（Dewey，1909：74）

因此，在杜威看来，判断应是"反思"的一部分。从杜威在《我们怎样思考》中对“反思”或“反身性思考”（reflective thought）的定义，可看出这种思考的批判性，亦即悬置鲁莽判断的特征。他说反思性思考是“对支持任何信念或所谓的知识的理由而进行的积极、持久和仔细的考虑，以及对该信念和所谓的知识的推断所进行的深入思考”（Dewey，1909：6）。从杜威在《民主主义与教育》中对“思考”（即杜威意义上的“反思”）的定义，也可看出判断是反思的一个功能。杜威写道：“思考，换句话说，有意图的努力，为的是发现我们所做的和由此导致的后果之间的具体联系，从而让二者之间变得具有连续性。”（Dewey，1997b［1916］：145）杜威接着说，思考包含“把某种持续运行的事物当作即将到来的事物的一个迹象”（Dewey，1997b［1916］：146）。这显然是一个“推断”（infer）（是一个动作），即根据已有迹象推测出未来后果。在这里尤其值得注意的是，杜威所说的“推断”的动作在某种程度上紧密联系着“判断”的动作（这也是本章下面紧接着将具体讨论的一个关系），是“反思”的一个功能。在《确定性的寻求》中，杜威则明确地指出，“反思（reflective thought），就是包含推断和判断的思考（thinking）”（Dewey，1929：109）。他还认为：“思考的工作不是与客体已经拥有的特征相符合，或者再生出那些特征，而是去判断它们未来会成为什么的那些可能性，而且那些可能性要通过一个指向性的操作行动（an indicated operation）来达成。”（Dewey，1929：137）

本书前面已经提到过，在杜威看来，考量也是反思的一部分，是实践性判断的一部分。明智的考量还是杜威意义上的自由的关键所在，因为它包含明智的选择和创造的过程。考量是在想象中对各种竞争的可能的行动路线进行演习。在行动受阻的不确定的情境中，行动者在考量中创造性地尝试各种习惯和冲动以恢复平衡的情境，但这都在想象中进行，以避免明显行动带来的后果给行动者造成真实的影响。

第二个与实践性判断相关的特征是，判断与推断密切相关。从上文已经可以看到，推断与判断具有密切的相关性。实际上，杜威在《我们怎样思考》中对这一点有过更为明确清晰的论述。他写道："判断与推断之间有着密切的联系，这是显而易见的。推断的目的，是在对一个情境的充分判断中终止自身，并且推断的路径会通过一系列局部的和暂时的多个判断而持续获得进展。"（Dewey，1909：101）联系这样的理解，杜威总结了判断在一般意义上的三个特征，包括："一是就同一个目标情境而言，（两个或数个）相对抗的未被证实的断言所形成的一个争端；二是界定和详述那些未被证实断言的过程，以及筛选事实以作为支持断言的证据的过程；三是最终要决定，或判定，同时结束争端中的某种话题，并且作为决断未来案例的规则或原则。"（Dewey，1909：101-102）

第三个与实践性判断相关的特征是，判断的过程包含推理（reasoning）。如果判断与推断关系密切，那么，形成推断的过程，即推理，又是怎样形成的呢？换句话说，推理所遵循的"逻辑"是什么呢？如杜威的著作《逻辑：探究的理论》（*Logic：The Theory of Inquiry*）的书名所显示的，逻辑，对杜威而言，即他的关于探究的理论。逻辑，在杜威那里，是理性（rationality），它"作为一个抽象概念，恰恰是关于手段-后果关系本身的普遍化了的观念"（Dewey，1986a［1938］：17）。因此，可以说，在杜威那里，推理所遵循的逻辑是"手段-后果关系"所体现的理性。

杜威给推理做了如下定义："就任何问题而言，发展出任何观念的关联性（bearings）——或者，如它们常常被技术性地表述的那样，可能的后果（implications）—— 这一过程，被称为'推理'。"（Dewey，1909：75）推理不仅会生成一个观念，而且具有联结差异的功能。杜威论述道："通过推理而发展出一个观念，至少有助于提供一些介入性的和居间性的用语，从而让有明显不一致的极端差异联结成一个前后一致的整体。"（Dewey，1909：76）推理最后产生的结果是经过（思考）试验证明的建议。“终结性或结论性的一步是对猜想性观念的某种试验性支持，或证实（verification）。”（Dewey，1909：77）但是，结果也可能是对某种断言的否定。杜威写道：“当完全的后果被描绘出来时，乍看似乎合理的猜想通常会被发现不合适，或甚至是荒谬的。”（Dewey，1909：76）因此，可以说推理遵循的逻辑是手段与后果的关系。他说：“推理揭示的是，如果某观念被采用，则某些后果会随之而来。”（Dewey，1909：77）

第四个与实践性判断相关的特征是，实践性判断与“明智”密不可分。在杜威看来，明智在实践性判断中的角色就类似于理性（reason）在理论中的角色。杜威指出，“理性”在西方哲学传统中是表示“不变的”原则，但明智是涉及“变化的”行动领域的。他指出：

> 明智与判断相关，（明智）也就是与选择手段而导致某些后果这一行动相关，与选择什么作为我们的目的这一行动相关。某人是明智的，……因为他能够估计情境的可能性，并能根据这种估计来采取行动。在广义上，明智的特征是关于实践的，正如理性的特征是关于理论的一样。只要明智运行，某些事物就以它们能够预示其他事物的迹象而被判断着。（Dewey，1929：213）

具有教育意味的是，在杜威看来，让反思所带来的明智与实践性判断相关联，是一种责任。这意味着实践性判断在某种程度上具有道德性。因为，假如行动者仅仅基于习惯而行动，或随心所欲而行动，其行动却很少有或没有达致明智行动所需的反思及判断的参与，那么，在杜威看来，“基于习惯”和“随心所欲”都是对行动结果的不负责的作为。所以杜威认为，习惯和随心所欲，“对于由当下行动而导致的后果而言，都是在拒绝承担责任。反思则是对这种责任的接受”（Dewey，1997b［1916］：146）。在《确定性的寻求》中，杜威进一步强调：

"从传统意义上的内在理性转变到人靠行动要实现的明智性，让人类担负起了责任。我们对明智的理想所显示的热忱，决定了自然秩序对人的心智的相宜程度。"（Dewey，1929：215）可以说，明智的判断在杜威看来是负责任的行动，因而是道德的行动。

第五个与实践性判断相关的特征是，判断以一个决定或声明而结束。判断形成后，就是一个决定。这个结果不仅解决了一个争端，而且为解决未来的相似问题定下了一个规则或方法。故杜威写道："如此，判断的原则渐渐地建立起来了；某种方式的解释获得了分量和权威。简言之，意义被标准化了，它们成为逻辑概念（logic concepts）。"（Dewey，1909：107）这意味着，判断的结果在获得行动验证后，也将会成为实践性知识或理论而被存入已有的知识库或知识网络中。

第六个实践性判断的特征是，它具有不确定性甚至风险。杜威认为"思考者不得不决定，不得不选择；并且，总会有一个风险，所以审慎的思考者谨慎地选择，即，受制于后发事件带来的证实或挫折"（Dewey，1909：106）。因为在杜威看来，个人的判断、计划、选择，无论怎么彻底地执行，行动无论怎么谨慎地开展，永远都不是行动后果的唯一决定因素。他指出："外来的和无关的自然力量，以及不可预见的条件会出现，并且拥有决定性的声音。"（Dewey，1929：7）在这意义上，实践性判断指向的也是可能性，而不是确定性。正如杜威所说的："实践性知识的独特性，作为其固有而不能消除的特性，是紧随其后的不确定性……。（对未来行动的）判断和信念能够获得的一切，永远不会超过某种多变的可能性。"（Dewey，1929：6）

二、实践性判断在行动中的角色

既然相比实践性知识而言，实践性判断与实践有着更为直接的关系，那么判断在行动中的角色究竟有哪些呢？具体而言，它在反思性思考中发挥什么功能？在反思性实践中它怎样与知识配合而形成明智的行动计划呢？我们可以从以下三个方面来加以分析。

第一，判断帮助行动者选择合适的感官材料。行动者在合适的感官材料的指引下，选择形成问题情境的解释，开展进一步的观察，界定清楚问题，提出解决问题的观念，然后在众多行动建议中选择一个解决问题的建议。但具体而言，判断过程由哪些单元构成呢？根据杜威的分析，做判断需要具备两个重要因素，一个是“事实”，一个是由事实引出的“意义”。由此，判断需要回答两个问题：“（a）（问题）情境中的哪些部分或方面（的事实）在引导解释（理解）的生成上是重要的？（b）关于提供意义的方法，其构想的完整的意义和关联性是什么？”（Dewey，1909：103）杜威强调，“这些问题是严格互为关联的，一个问题的回答依赖于另一个问题的回答”（Dewey，1909：103）。可以说，判断通过挑选可作为证据的事实，并根据证据挑选合适的对情境的解释，从而对情境中的问题有所界定，同时提出具体的解决问题的一个或多个行动路径。

在杜威看来，对于问题，我们不是依靠完全无知的意识来处理，而是或者靠理解的某些惯常模式（即习惯）来处理，或者靠某种先前演化出的意义库存（store of previously evolved meanings）来处理，或者至少靠某种经验的库存来处理，因为意义也是从那些经验推断出来的（Dewey，1909：106）。但是，我们不是靠基于固定不变的规则或原则的判断来处理，而是靠自己的判断来处理。杜威这样论述：“不存在任何坚实而稳定的规则，用以断定某个提议是否正确或恰当从而使人遵循之。一个人自己的好的（坏的）判断才是指引者。”（Dewey，1909：106）并且，如前面已经提到的，观念[①]作为在问题情境下获得的意义和解释，是判断所运用的一个工具（Dewey，1909：108）。

① 包括实践性知识。——作者注

第二，判断还有对问题情境进行分析和综合的功能。经过判断，对混乱的材料加以澄清，即是分析；而把片断的事实连贯起来，即是综合。分析突出重点；综合进行定位。分析让强调的事实或属性得以突出；综合赋予所选择的事物以背景，或让它和有所推断的事物建立关联。(Dewey，1909：114) 杜威强调：

> 每个判断都包含识别能力 (discernment)、辨别能力 (discrimination)。判断把琐屑的事物和重要的事物区别开，把不相关的事物和指向结论的重点分离开，就此而言，判断是分析性的；判断给心智留下一个全纳的情境，使被选择的事实能被放置其中，就此而言，判断是综合性的……。分析导致综合，而综合完善分析。(Dewey，1909：114)

第三，实践性判断是维持创造性行动的不可分割的整体中的一部分。根据加里森与约亚斯 (H. Joas) 的一致性阐释，杜威所说的实践性判断是关于“理性型的创造性行动”(rationally creative action) (Garrison，1999：297)。之所以是理性的，是因为这种判断带来的行动不是自然而然导致的行为，而是基于理由 (reasons) 或理性的行动；之所以是创造性的，是因为在实践性判断中，随着情境的不断清晰，手段和结果都可能在反思中得到修正或改变，这样，行动的意义与价值也会发生变化。在判断过程中，行动者创造性地组合各种要素形成多种行动路径，并在想象中试验后果，体现出多种行动计划的可能性，而这意味着不同行动会产生不同的后果。加里森解释认为，行动者对行动计划进行改变也是理性行动中的一部分，而理性行动是创造性行动的一部分。在这个意义上，实践性判断带来具有创造性的行动 (Dewey，1909：297)，或者我们可以说，它带来创造性的实践。

三、实践性判断与价值的关系

前面已经有所揭示，在杜威看来，实践性判断与价值有着密不可分的关系。由此也不难理解，甚至可以更明显地观察到，在教育实践中，教育专业判断，包括教师的实践性判断，与教育价值具有密不可分的联系（Biesta，2007：10）。但是到目前为止，我们对这一关系的理解依然是笼统的以及缺少系统的根据的。为此，我们需要专门具体剖析一下杜威关于实践性判断与价值的紧密关系的论述。

第一，在杜威看来，在实践性判断中，“预见中的结果”或目的提供行动的指引，而“预见中的结果”是行动的价值的重要构成部分。什么是“预见中的结果”呢？杜威写道：

> 事实上，结果（ends）是预见中的结果或目的。它们从自然的效果中或后果中浮现出来……，这些结果构成了一个处于思考中的行动的意义和价值。同时，想象也忙碌地运行着。以前（行动）得到的后果在想象中被提升、重组和修改。创造也在运行着。结果即预见的后果——它们起源于行动的进程，并且用来赋予行动新增的意义，同时引导行动未来的走向。它们并不是行动的终结。作为考量的结果，它们是在行动中重新引导方向的枢纽。（Dewey，1983［1922］：155）

因此，“预见中的结果”包含“考量过的欲求”，即行动者追求的价值。由于行动者受“预见中的结果”的指引，实践性判断总会参照结果，因而也会参照价值，从而选择不同的行动计划。价值的功能本身对行动就具有引导性。可以说，在杜威意义上的实践性判断中，价值判断是重要部分，直接关系到对行动方向的指引。他强调把关于价值的理论知识和欲求及满意的具体经验联系起来（Dewey，1929：258）。

杜威论述，即使是实证科学的研究，也离不开价值判断。他通过举例阐明了价值在科学探究中的角色："把这些事实作为资料和证据是值得的，尝试这个实验是值得建议的，去做一下那项观察，去考虑一下某个假设，去执行一下这项计算，等等。"这些行为都有价值取向的参与。（Dewey，1929：261）

第二，实践性判断用"明智"对价值本身进行判断。杜威反对在反思中盲目照搬某个价值知识而直接引导行动。他主张在判断决定运用某个价值知识前，也对那个价值本身进行判断。杜威反对让价值脱离了观念和判断而去经验，反对把价值只当成某种因果关系的理论（知识）而在行动中不加思考地直接使用。简而言之，杜威反对不经过明智性的操作（intelligent operation）以对价值进行调节（regulate）和引导（direct）就直接使用价值。这意味着，杜威主张不仅要把操作性思考（operational thinking）用于对事实、观念的判断，而且要把它用于对价值本身的判断，从而对价值加以调整和控制，就像对物理对象进行调整和控制一样。（Dewey，1929：258）杜威给判断赋予了控制和引导行动的角色，而这样的控制和引导不仅是通过判断事实、知识、观念、意义而进行的，而且是通过判断价值而进行的。

那么实践性判断具体是如何对价值进行判断的呢？杜威强调要让明智来调节和引导价值，从而使其适合地运用于当下的情境。他分析指出，得出当下关于价值的知识的那些过往行动早已被忽视了，但那些行动的后果被视为重要的事物。所以他主张，只有用明智行动的后果来界定价值，而不是把一些价值因果理论直接拿来建立价值，才能避免先验的绝对主义。由此可见，杜威主张，在对价值进行判断时，需要有明智的操作对价值提供支持。杜威这样解释："不经过思考的干预，各种喜爱（enjoyments）并不是价值，而是有各种问题的善（problematic goods）；但是，当那些喜爱通过明智的操作而以不同的形式被重新产生出来的时候，它们就成了价值。"（Dewey，1929：259）

换句话说，价值体现在对它的运用及其结果中，而不是体现在关于价值的理论中。但对价值的运用及其结果取决于明智的参与。这可以明确地从杜威为“对价值的判断”所下的凝练定义中看出。他写道：

> 对价值的判断，是对多个条件以及对经验过的对象带来的多种后果的判断，是对什么应该对我们的欲望、情感和享受的构成（formation）进行调节（regulate）的判断。不管由什么来确定它们的构成，那种构成都将会决定我们行动的主要路线，无论是个人的行动路线，还是社会性的行动路线。（Dewey，1929：265）

从这个定义中，可以看到在实践性判断中明智对价值的两种作用。其一，明智参与了关于从多种手段及其后果中进行选择的判断。明智帮助实践性判断进行价值的选择——哪种行动路线是最可取的、哪种行动后果是值得追求的以及二者之间应该如何协调、配合和关联。其二，价值判断还涉及对所欲求价值的本身进行明智的操作，即对欲求的构成比例、强度和方向等加以重新安排、组合与引导，而这都要根据具体的情境来进行。

第三，实践性判断中的价值判断需要知识的帮助和支持。价值性观念和价值性信念会引导行动。但是，这并不是说在行动者生成那些观念和信念时就不需要价值理论（知识）提供智能支持。在杜威看来，如果没有这样的智能支持，一些陈规陋习就会来替代价值理论（知识）应有的位置。杜威强调要将价值理论与行动者的价值（具体的欲求/喜好等）经验联系和结合起来，因为在他看来，只有这样，才能避开传统理性理论的苍白与不切实际，避开超验价值的光鲜亮丽。（Dewey，1929：258）同时，杜威强调这种联系和结合有助于明智的生成。杜威写道：“当它们（情感、欲望、目的和选择）获得知识的支持，在它们自身发挥引导性功能的行动中，它们本身也构成了行动中

的明智。”（Dewey，1929：299）

第四，理解实践性判断，需要辨别价值作为认知对象（knowing object）（即作为事实）和价值作为功能或状态（function or status）。在杜威看来，在时间上，过去形成的价值只代表一种认识对象，或一种知识/理论，或一种价值的概念（a conception of a value），对未来只代表价值的可能性，而不是价值本身。在杜威的实用主义哲学理解中，只有“在行动中运用某个价值观念才在行动结果中蕴含了实在而明显的价值”（Dewey，1929：259）。因此，区分价值作为事实和价值作为（指引行动方向的）功能或状态是必要的和重要的。杜威写道：“说某物是让人喜爱的，是声称一个事实，它是已存在的某个事物；它不判断那个事实的价值……，但是，称某个对象为价值，是声称它满足或履行了某些条件。在满足某些条件的过程中，某物所具有的功能和状况，与该物仅仅是存在物不是一回事。”（Dewey，1929：260）在杜威看来，过去经历的价值事实“不会告诉我们任何关于那些事物的价值，直到喜爱本身被反身性地进行了指引，或者，当它们现在被回忆起来时，我们形成了什么导致我们喜爱这种事物的判断，并且形成对我们喜爱那种事物的事实曾带来什么后果的判断，它们才是价值”（Dewey，1929：272）。也就是说，要对价值生成的前因后果进行追溯，看到它的功能和状态，这才是杜威意义上的价值。

可以说，对杜威而言，区别价值作为事实与价值作为功能或状态，在理解价值与行动方向的关系方面至关重要。这一区分也就是对欲求过的（desired）和值得追求的（desirable）二者的区分。理解这个区分，对于理解杜威的实践性判断概念极为关键。因为在杜威看来，这个区别是：“一个是仅对某个已存在事实的报告，另一个是对让某个事实得以存在的重要性和需要性的判断，或假如这个事实已经存在，对维持这个事实的存在的重要性和需要性的判断。”（Dewey，1929：

261）杜威紧接着声明："后者[1]是一个真正的实践判断（a genuine practical judgment），并且标志着与行动方向有关的唯一类型的判断……，重要的是把这个区别认可为理解价值与行动方向的关系的关键所在。"（Dewey，1929：261）

第五，实践性判断和实践中的价值的可靠性需要以实践加以验证。杜威反对把实践性知识视为不变的真理或原则，同样，他也没有把某种价值视为实践中永恒不变的指引原则。他强调的是，是否要在实践中维持价值，要通过我们所做的（即实践）来决定和验证。他问道："价值，即值得羡慕的事物，值得备感荣耀的事物，它们被人们认可和让人们去为之奋斗的可靠性如何呢？"（Dewey，1929：31）这个问题事关人类经验中关于价值的确定性问题，其重要性无须证明。杜威把对这个问题的回应再次放在他的知行观中来讨论，即放在它与知识和行动的关系中来讨论。杜威这样回答："智能方面的价值、道德的优越性、美感方面让人羡慕的事物，它们的维持与扩散，以及人类关系中的秩序与礼仪的维持，都取决于人们所做的。"（Dewey，1929：261）因此"我们应该把实践作为任何事物被判断为值得备感荣耀的、值得羡慕的、值得认可的、需要维持于具体而可经验的存在中的事物的唯一手段"（Dewey，1929：31）。

知识为行动中的价值提供了理性支持和引导。这体现了杜威的知识或理性与价值合一的立场。他说：

我们（作为人的本质）的这些表达（情感、欲望、目的、选择）需要方向，而只有通过知识，方向才是可能的。当它们（这些表达）被赋予知识时，在它们具有方向性的活动中，它们自身也构成了行动中的明智。如此，就各种特定的价值信念、特定的道德和宗教观念与

---

① 即对什么是值得追求的所做的判断。——作者注

信条而言，以上所讨论的重要性是，它们需要被（行动）验证，并被所掌握的最好的知识加以修正。(Dewey，1929：299)

这段引言中值得注意的还有一点，那就是杜威对价值的理解是广义的和多样的。它不只是道德价值，而可以包括“各种特定的价值信念”，甚至包括宗教价值。在笔者看来，这对教师实践性判断涉及什么价值提供了新的理解。传统上，我们一般认为教师的价值判断主要涉及的是道德价值和伦理价值，但杜威这里对价值的理解意味着教师要在多种价值中权衡，即除了道德价值，还有认知价值、美学价值、效率价值等等，而对教师来说，最不可或缺的是教育价值。

四、杜威对亚里士多德实践判断概念的继承与发展

杜威关于实践性判断的思想，可以追溯到古希腊哲学家亚里士多德关于“phronesis”的理论。在英语中，“phronesis”一般被译为“practical wisdom”或“practical judgment”，在中文中被译为“实践智慧”或“实践判断”。有的中文版本还将其译为“明智”（廖申白译，2003 年版）。“phronesis”和杜威所说的明智虽有相通性，但很难说完全对等。同样，亚氏所说的“实践判断”与杜威所说的“实践性判断”在许多方面是相同的——这让我们看到了后者对前者的继承，但是，杜威对亚氏的这个概念也有所发展。

（一）杜威对亚里士多德观点的继承

首先，亚里士多德和杜威都认为，实践性判断的对象是“可变的”和“不确定”的领域，即关于人类的行动的领域。在亚里士多德的体系中，世界分为不变的领域和可变的领域。对不变的（必然而永久的）领域的认识称为知识（episteme）——在英文中也被译为

"science"，但显然不是现代意义上的自然科学概念。对于可变的领域中的行动，亚里士多德又将之分为关于制作（poiesis）的技艺（techne）和关于实践（praxis）的判断（phronesis）[①]。可见，实践判断在亚里士多德的体系中是属于可变的领域的。与此类似，杜威所讨论的行动理论及与其相关的实践性判断，是对于所谓"确定性的寻求"中的不确定性的分析和讨论。

其次，在"实践性判断"中，价值扮演着必不可少的角色。亚里士多德在《尼各马可伦理学》中把实践判断（廖申白译本为：明智）定义为"一种同善恶相关的、合乎罗各斯的、求真的实践品质"（亚里士多德，2003：173）。在这个定义中，亚里士多德把实践判断当作一种"理智德性"（intellectual virtue）[②]，一种人的好的"品质"（quality）（亚里士多德，2003：173），但未必是道德品质。他把实践判断"作为理智的一种德性而与道德德性区别开来，尽管它的确与道德德性不可分离"（亚里士多德，2003：172）。可见在亚里士多德那里，实践判断属于理性或理智的领域，但实践判断与道德德性之所以具有密不可分的关系，是因为"德性使我们确定目的，实践判断（原译作'明智'）使我们选择实现目的的正确的手段"（亚里士多德，2003：190）。这句话中的德性主要指道德德性，即道德品质。换句话说，道德价值在亚里士多德的实践判断概念中具有不可或缺的作用。同样，从前面对杜威的实践性判断的阐释中可以看到，杜威认为价值在实

① 在我国较为流行的廖申白的中译本中，"phronesis"被译为"明智"而不是实践判断。为避免与本书中讨论的杜威的关键概念"明智"（intelligence）混淆，本书在引用廖申白的译文时会以"实践判断"替代他译的"明智"，并在括号中注明。

② 这里的德性（virtue）一词，在亚里士多德的上下文里指的是人的一种"品质"，是具有中性意义的概念，不是指美德或高尚的道德情操。廖申白在中译本序言中解释，德性是"使得一个人好并使得他的实现活动完成得好的品质"。"人的德性在亚里士多德以及许多其他哲学家那里通常是指相应于灵魂的非罗各斯的即欲望的部分的德性。人的灵魂有一个有罗各斯的部分和一个没有罗各斯的部分。相应地，人的德性可以分为道德的德性和理智的德性两部分。""理智德性又可以分为理论理性的和实践理性的。智慧是理论理性的德性，是人的最高等的德性。实践判断（原译作'明智'）是实践理性的德性……"（亚里士多德，2003：xxvi）

践性判断中具有引导行动的功能，虽然他没有把价值局限于道德价值。

再次，二者都揭示了实践的目的不在实践之外，而在实践本身，即更好的实践，或按杜威的用语，更明智的实践。对杜威而言，目的从来不是外在于行动和实践的目的的。目的是“预见中的结果”，它们浮现于行动中，而一旦达到，便会转化为手段或者“中枢”，以引导和再引导未来的行动。这样的目的提供了新的开始。这就是杜威所说经验的持续性原则的构成部分。如加里森所阐释的那样，在杜威那里，“考量（deliberation）允许像我们人类这种遵循习惯的生物明智地重新引导我们的行动。‘预见中的结果’是在行动内部进行新的创造性引导的中枢或支点”（Garrison，1999：296）。

最后，二者都认为选择是行动的始因。如果选择与判断相关，那么我们也可以说判断是行动和实践的始因。而选择或判断，在亚里士多德看来，是理性和欲望结合后的产物，即他所说的“经过考量的欲望”。亚里士多德指出：“选择是实践的始因（选择是它的有效的而不是最后的原因），选择自欲求和指向某种目的的罗各斯（reasoning）开始。所以，离开理智（reason）和某种品质（moral state）也就无所谓选择。（因为离开了理智和品质，好的实践及其相反者就不存在。）”（亚里士多德，2003：168）所以，对于“选择”，亚里士多德说，“可以或称为欲求的努斯，或称为理智的欲求，人就是这样一个始因”（亚里士多德，2003：169）。同样，从前面杜威关于实践性判断的论述可以看到，杜威认为实践性判断是靠知识和价值的共同指引而生成的，这明显继承了亚里士多德的上述观点。

（二）杜威对亚里士多德观点的发展与超越

杜威虽然对亚里士多德的观点有所传承，但是也可以看到，杜威也超越了亚里士多德的观点而发展了自己特有的“实践性判断”

理论。

第一，亚里士多德区分了对不变的领域的认识和对可变的领域的理解，可杜威实际上没有做这样的区分，而是认为只有一种统一的整体世界，这就是生物与环境交互行动的世界。

第二，二者对于科学的概念的理解也不同。亚里士多德所说的古希腊关于科学的知识是不变的和永恒的知识，而杜威指出，现代科学知识是通过实验法而获得的知识，很多知识只是假设，并不具有确定性，只为未来的认识提供可能性。并且，不同于亚里士多德对不变的领域与可变的领域获得知识的方式做了区分，对杜威而言，现代科学获取知识的方式与我们通过日常活动而获得实践性知识的方式在本质上是一致的（Dewey，1929：250）。

第三，亚里士多德区分了不变的领域和可变的领域之后，进一步把可变的领域分为制作和实践两种行动模式［他认为前者所需要的是关于“生产/制作”（production/making）的判断，即关于技艺的判断和关于手段的判断，后者则是关于创造更好的行动的判断，即关于强调理性与价值共同参与的明智实践的判断］，然而杜威没有对此进行严格区分，实际上他反而对上述两种行动进行了统一和整合，形成了加里森所说的“理性型的创造性行动”。具体如何理解这种统一性呢？首先，杜威式实践性判断带来的是“理性的行动”，不属于受到某种影响而产生的、存在因果律作用的行为。换句话说，这里“理性的行动”是受到“理性”支持的，或用杜威的用语，是受到“明智”支持的，即来源于文化习惯、知识、理论、意义、观念等的支持，而不必然是因果律造成的。与此同时，这样的行动之所以具有创造性，是因为在杜威看来，手段是目的的构成部分。前面已经提到，杜威所提供的对实践性判断的理解，既包含对手段的判断，也包含对目的的判断，二者彼此影响、互相作用。随着对具体情境的理解，随着探究过程的深入，随着杜威所说的“想象”的参与，即多种行动计划的可能性的出现，行动者会调整或改变行动的手段，手段改变了，目的/结果也就改变了。或者，反过来，行动者随着行动的进程，会看到自己并不想要的后果，于是会重新考虑目的/后果，手段也相应跟着发生改变。这些操作都会改变行动的意义和价值——这意味着行动者此时在特定的情境范围内拥有某种“自由”，因为行动者能自由运用知识、推理和判断。这些“工具”帮助他/她创造“行动”，而这样的行动反过来又作为“工具”生成新的情境，且以新增意义和秩序为特质。

行动者会根据目的（欲求、价值、意图等），明智地选择最合适的行动计划，带来的后果就是“创造性行动”。“理性的行动”是这个“创造性行动”的构成部分。二者是统一在一起的。加里森对整个过程有很好的阐释：

> 与有所表现的习惯和欲望一样，想象是实践推理中的一个内在构成部分。如果没有作为方法的习惯帮助我们执行计划，没有游戏性的想象能力修改计划，没有激情的欲望和选择，那么我们不可能是自由的。反思性的、明智的和创造性的考量是行动中自由的核心。（Garrison，1999：307）

尤其值得注意的是，在杜威那里，实践性判断的后果不仅“创造”了“行动”，实际上还“生产”出新的实践性知识和新的理解/意义。所以，在这个层面上实践性判断还具有生产性的特征。可以说杜威实际上是把“生产/制作性推理”（productive reasoning）整合到实践性判断中了（Garrison，1999：296），而亚里士多德将“生产/制作”活动所需要的判断与实践判断区别开来。

第四，二者都强调行动中具体目标的重要性，但杜威拒绝接受固定不变的目的观。对亚里士多德而言，行动的起点也是行动的唯一目的，如他所说的“实践的始因是我们的实践的目的”（亚里士多德，

2003：173)。但亚里士多德这里所指的“目的”是“罗各斯”所追求的某种目的，是在亚里士多德目的论（teleology）框架下理解的目的，是行动之前选择的已经存在的固有的目的、“罗各斯”所肯定的目的。他说：“要想选择得好，罗各斯就要真，欲求就要正确，就要追求罗各斯所肯定的事物。”（亚里士多德，2003：168）对杜威而言，目的是行动者在行动和反思过程中“预见中的结果”，它浮现于行动中并在行动中发挥作用。这样的目的在行动过程中可能会发生变化，而且，它并非严格意义上行动的终点，而是重新引导行动的枢纽所在。在目的通过行动实现之后，目的的意义就转化为未来行动的手段或工具。因此，加里森指出，在杜威那里，“目标导向的行动成了‘非终极目的的但却是自我反思的’（non-teleological and instead self-reflective）”（Garrison，1999：305）。

第五，亚里士多德把实践判断视为“理性德性”，但又指出它离不开“道德德性”，并对二者进行了区分，而杜威认为二者在实践性判断中实际上统一的，是作为习惯而融合在一起的。杜威指出：“具体的习惯或做的所有事情，包括感知、辨认、想象、回忆、判断、构想和推理所做的事情……。但是，习惯自身不知道自己在做这些事情，因为它本身不会停下来思考、观察或记忆。同样，冲动本身也不会参与到反思或沉思中来。”（Dewey，1983［1922］：124）

第六，对亚里士多德而言，与实践判断选择的手段相关的目的，其价值是不容易改变的，并且主要是指道德价值，因为他所指的实践判断离不开道德德性——离开道德德性就不可能有实践判断（原译作“明智”）（亚里士多德，2003：190)。他说：“实践判断（原译作‘明智’）是一种同善恶相关的、合乎罗各斯的、求真的实践品质。”（亚里士多德，2003：173）在杜威看来，在实践性判断的生成过程中，反思也可以通过判断对价值进行重新调节和定向，并且价值所指的并不仅仅是道德价值，还可以是多个领域的价值，如认知价值、宗教价值和美学价值等。

五、杜威的实践性判断理论与教学实践

亚里士多德的实践智慧理论被认为是教师需要在教学中具有实践性判断的理论来源（比斯塔，2018:189）。杜威对亚里士多德的理论的重构和超越，则促使我们反思杜威的实践性判断理论对教师实践性判断的启示。在笔者看来，杜威的实践性判断至少有两点对理解教师实践性判断极为关键。

其一，在亚里士多德那里，实践判断主要是关于更好的行动的判断，是一种为了好的实践的德性或品质，而不是技艺或手段，而在杜威那里，实践性判断不仅包括关于更好的行动的判断，即对目的的判断，而且包括对如何达到目的的判断，即对手段的判断。如果遵循杜威的路径，就意味着教师实践性判断既是关于教育教学目的的判断，也是关于教育手段的判断，并且，二者彼此依赖、互相影响。这样的判断，不仅"创造"出明智的教育实践，而且"产生"出教师的实践性知识、理解和意义。

其二，在亚里士多德那里，实践判断离不开道德德性，因而道德价值是实践判断的内在特征，而在杜威那里，参与在实践性判断中的价值是广义的，可以是道德的、认知的、美学的和宗教的等。如果顺着杜威的路径，那么参与在教师实践性判断中的价值也是多样的，而笔者想强调的是应避免把"道德价值"作为教师实践性判断中的唯一价值类型。除了道德价值，教师还需要把其他类型的价值统一于自己的实践性判断中。笔者特别想强调的是，让"教育价值"参与到教师实践性判断中来。

六、总结

本章主要再构了杜威是如何理解实践性判断的。从杜威对实践性判断的论述中我们可以看到，实践性判断始于不确定的情境，与推断密切相关，其过程包含推理，并且与“明智”密不可分，最后以一个决定或声明结束，然而，实践性判断具有不确定性，包含风险。实践性判断具有的功能也是多重的。面对问题情境，实践性判断不仅选择应该做什么，而且选择应该如何做。在实践性判断生成的过程中，实践性判断由一系列具体的判断构成。行动者通过对事实的判断，选择事实以形成对问题情境的解释，支持进一步的观察；再基于获得的意义，形成解决问题的多个建议或行动计划；再通过明智判断，选择解决问题的最适合的行动路线。同时，判断还有对问题情境进行分析和综合的功能，而且实践性判断是维持创造性行动的不可分割的整体中的一部分。

需要特别强调是，在杜威看来，实践性判断与价值密不可分。实践性判断离不开价值观念基于手段-目的关系而提供的方向指引，但价值观念本身也需要被判断，这需要“明智”提供调节和导向支持，需要已有知识提供智能支持，从而使价值观念自身成为行动中的“明智”的成分。然后，反思中参与的价值要靠实践来验证，并让行动者借助掌握的知识给予修正。如杜威所说：“结果是，就某种价值信仰而言，就某种道德及宗教观念和信条而言，以上论述所能带来的是，它们需要被（行动）验证，并且由我们掌握的最好知识给予修改。”（Dewey，1929：299）

通过比较亚里士多德和杜威关于实践判断/实践性判断的理论，我们看到了理论上的一脉相承，但是我们也看到，杜威对亚里士多德的理论也有所发展和超越。杜威的更具整合性和统一性的实践性判断理论，为理解教师实践性判断提供了重要的视角和内容。

加里森对杜威关于实践性判断所做的评述，在笔者看来是恰当的和精辟的。他写道：

生生不息的理性整合了众多彼此相联的功能，那些功能是维持创造性行动所必要的；其中一些功能包括具身的自我、欲望、后果（价值），创造性和自由的考量，想象，手段（包括理性），以及感知。实践性推理（判断）是一个整体性的、生生不息的和彼此关联的过程。这个过程是持续的，包含许多反馈循环圈以及网状的、互相修正的关系。…… 实践性推理（判断）的运转类似解释学循环圈（hermeneutic circle）。每次我们转动轮圈，我们就创生出意义、本质和价值。当新的意义、本质和价值浮现时，之前的意义得以修正。当人类的理性智慧地运用其众多功能时，有机体勃发而生长。（Garrison，1999：302）

第九章 三种教师教育模式与杜威的教师教育观

应该预先安排师范实习生们获得这样的理解：他们不仅被允许根据他们自己的智能主动性而行动，而且他们被期望这样做。他们靠自己而理解情境的能力在评判（他们是否为好教师）时是一个更重要的因素，胜过他们仅仅盲从任何特有的固定方法或方案。

——约翰·杜威《教育中理论对实践的关系》

如果说教师实践性知识的运用离不开他们的实践性判断，那么教师的实践性判断可以说是教师实践性知识发挥恰当作用的必要条件。这进一步意味着在教师教育中关注培养未来教师和在职教师的实践性判断的必要性。为了深入和系统探讨杜威的实践性判断与教师教育的必要联系，本章力图先阐述当前世界各国流行的三种教师教育模式——能力本位的教师教育、标准本位的教师教育和证据本位的教师教育，并批判性地分析三者共同的缺失，即教师实践性判断的缺失。通过详细呈现杜威的教师教育观，本章指出杜威教师教育观中对师范生的主动性、独立的明智以及反思的强调，弥补了三种教师教育模式共同的缺失，并指向反思实践模式的教师教育。

一、能力本位的教师教育

最近十几年来，欧洲许多国家和地区的教师教育理论、政策与实践，把发展教师能力奉为重要的教师教育取径（approach）。但是，这并非一场全新的教师教育改革运动。从历史上看，20世纪后半叶以来，由于西方世界特别是美国社会各界要求教育机构对“教育产品”负责，导致对教育过程的“效能”有了越来越高的要求，故“能力本位教育”的出现与教学效能密切相关。这种教育把“能力”奉为教师教育的“圭臬”，而它的出现可追溯到20世纪五六十年代的美国，在七八十年代被广泛应用于美国教师教育领域，促进了“能力本位的教师教育”（competency-based teacher education）的形成。这一教师教育模式被众多西方国家采纳。例如，20世纪80年代末、90年代初，英国教育文凭（CertEd）和教育学士（B. Ed）项目以及英格兰和威尔士培训教师的教育研究生文凭（PGCE）项目，都广泛采用此模式。教育研究生文凭项目要求，师范生必须在一年时间内完成一系列细化而琐碎的基于技能目标的学习项目，并通过对其表现行为的评估，从而获得教师资格。在这种模式下，为了保证教师能力评估的效度和信度，教师的专业角色被分解和规定成一系列繁杂的技能标准。师范生必须按照清单上列出的项目获得指定技能；在其表现出某项技能之后，相关人员在清单上相应的项目旁打钩。20世纪90年代初，能力本位的教师教育模式在美英淡出。

从20世纪90年代末以来，该模式在欧洲多地出现再度流行的趋势（Weigel et al.，2007）。在西欧，1998年比利时弗兰德地区政府甚至立法，要求教师教育机构把规定的教师“能力”项目编入教师教育课程中，并要求教师教育机构提供与之相关的教学证据（Struyven et al.，2010）。同年，英国苏格兰地区颁布的《苏格兰职前教师教育课程指导性文件》的导言指出，职前教师教育课程的“总目的是使学生能够成为有能力、有思想的教师……。教师作为专业人员得到发展是通过获得本指导性文件中‘能力’部分所列出的能力而体现的。这些能力包括知识、理解力、批判性思维和实践技能”（教育部师范教育司，2003：240）。荷兰教育部2005年颁布的中学教师专业标准要求所有的教师教育机构依照国家标准所列出的“能力”领域来规划教师教育课程（Admiraal et al.，2011）。德国近些年来有学者提出德国教师要具备某些“关键能力”，包括有关自我责任的能力、普通/具体教育行动的能力、学科能力和组织能力等（Ostinelli，2009）。在北欧，瑞典、挪威、芬兰和丹麦也强调能力在教师教育中的重要性。瑞典2001年进行了教师教育改革，要求师范生除了掌握学科知识外，还应具备规定的“关键能力”（Ostinelli，2009）。挪威教育部在2001—2002年的政府白皮书中指出，教师教育的中心目标不仅是培养师范生“专业方面的伦理能力”，而且要让他们“在学术能力、教学能力、社会能力和发展能力之间获得平衡”（Garm et al.，2004）。在南欧，意大利近十年来一直强调教师的“学科能力”（disciplinary competences），并把“不断更新能力和知识”作为教师教育的一个目标，而在低龄儿童的教育中，更是深信“能力”在关系、教育和心理层面的重要性（Ostinelli，2009）。此外，塞尔维亚和斯洛文尼亚近年也在大力推行能力本位的教师教育模式（Pantic et al.，2010）。韦格尔（T. Weigel）等学者指出，“能力”概念已经被广泛运用在欧洲高等教育、教师教育和职业教育中，并且已被欧盟众多成员国所采纳（Weigel et al.，2007）。他们对英、德、法、荷四国职业教育中运用的能力概念进行比较分析后发现，四国对学生能力的培养虽有差异，但已成流行趋势，而且已从一个科目或学科内部转向了综合性的“能力本位教育”（Weigel et al.，2007）。在更大的范围内，这一趋势旗帜鲜明地体现在

2005年欧盟委员会专门出台的一份政策性报告中。这份报告名为《欧洲教师能力与资格共同原则》，它极力呼吁欧盟成员国的教师把发展"关键能力"作为他们未来的核心任务（European Commission，2021）。

就我国而言，虽然在早期，能力本位的教师教育取径在我国教师教育领域未形成主导之势，但不能说没有话语影响力。截至2021年4月，在"中国知网"中检索到同时包含"能力本位"与"教师教育"这两个关键词的期刊论文多达8905篇。可以说，我国有关教师能力/胜任力的理论与实证研究有了相当规模的发展，已成为一个研究热点。其研究对象涵盖高校教师、中小学教师、幼儿教师（含班主任、辅导员以及心理教育工作者）等等（参见彭彦铭 等，2011）。这在教育研究层面多少反映了该取径在我国的影响和发展态势。近几年，随着有关"核心素养/能力"的课程改革在我国的深入，发展和培养教师的相关能力已成为国内教师教育关注的一个热点问题。

作为一种教育模式，能力本位的教师教育模式所要的教育结果，在教学开始之前就已规定好，并在师生之间达成一致。它提前规定了要达到的学习目标、要参与的学习经历，并设计好工具以测评成绩是否达到预设目标。它强调学习结果，而不是学习过程；强调能力的掌握及其掌握程度，而不是修完课程的数目。在教学目标上，它认为获得"规定能力"是提高教学效能的基础，是合格教师的标准，是获得教师资格的条件。"规定能力"会预先在一套学习目标中体现，并通过学习者成功完成各种课程活动和学习任务而获得。在课程设计上，它立足于可观察的有效教学行为来设计和规定教师教育的课程活动与学习任务。学习者通过自己的操作，表现出完成这些活动和任务的"有效"行为，才算达到行为目标。在教学内容上，课程活动和学习任务会被分解成大量细小的项目，构成能力清单，涉及知识、技能和行为等。在具体操作上，课程设计者和研究者以建构模型为主。他们预先建构一个模型，囊括教师能力应当包括的所有内容，然后将其转化为学习者应当达到的具体的学习目标。模型也用作测评教师能力的理论框架。评价者必须观察和测量学习者在执行学习任务中表现出的行为。测评方式为“标准参照”（criterion-referenced），而非“常模参照”（norm-referenced），即学习者成绩的进步，要以规定的熟练标准或能力标准来进行衡量，而不是通过与其他学习者的成绩做横向比较来衡量。

以行为主义为导向的能力本位的教师教育存在不容忽视的问题和争议。其一，“能力”概念有太多解释，缺少连贯性和一致性，存在不确定性和模糊性，带来操作和测量上的问题。其二，受简约主义影响，它使教师教育简化为对一套由琐碎技能构成的清单项目的执行，忽视了教育活动的复杂性。其三，受技术理性影响，它倾向于工具性和机械性训练，导致僵化和技术化的教育模式，忽视对学习者在教育理论和教育判断上的培养。其四，它关注特定行为目标或预设的行为结果，忽视学习内容和学习过程，同时忽视其他潜在学习结果。其五，它把教师“能力”和看得见、测得着的教师“绩效”挂钩，使教师极大地受到政策和教育管理者话语的束缚与控制，限制了教师施展能动性和创造力的空间。因为这些问题，以行为主义为主要理论基础的能力本位的教师教育慢慢淡出。

20 世纪 90 年代末以后，欧洲大陆国家出现了整体或综合取径（holistic or integrated approach）的能力教育。简言之，整体主义是指对于一个系统（如宇宙、自然和人体等）中的各部分，必须从彼此联系的角度看待，而非把各部分割裂或分开来看待。整体主义导向的能力教育，特别关注与专业实践有关的“学习环境”，指导学习者发展具有整合性的、绩效导向的能力，以解决实践中的问题。一些欧洲学者认为以多维度的理论框架阐释能力概念越来越普遍，因为这些框架能够发掘“正规教育”和“体验学习”的“合力”，以便更好地发展专业能力（Delamare et al.，2005）。整体主义取径得到了越来越多的欧洲学者的青睐，如韦格尔等人肯定其为一个新趋势，并把能力定义为“履行职责和运用知识、技能与态度的本领；它们整合在一个人的所有专业项目中”。他们认为整体主义取径包含核心能力和知识元素，有助于开发课程，包容不同环境下的差异性。（Weigel et al.，2007）相应地，一些学者提出了整体主义取径的“教师能力”教育。荷兰学者提吉拉（D. Tigelaar）等人认为教师能力是“个人特征、知识、技能和态度的一整套结合，用来满足在不同教学情境中有效教学的要求”（Tigelaar et al.，2004）。另一位荷兰学者科瑟根（F. Korthagen）持有的能力概念指向一种“潜能”，而不是行为本身（但强调二者互相影响）。在他看来，能力是否可以付诸实践还取决于“环境”（如教学实践、评估、对话和事件等）。能力只是评价一个教师是不是“好教师”的一个层面，而不是全部，不是核心。“好教师”不能简单用一些孤立的能力项目来描述。他把“能力”放在一个像洋葱圈一样的分析圈层中，由内而外分别为使命、认同、信念、能力、行为和外部环境六个要素，它们之间互相影响。如此，“能力”既受“信念”的影响，又影响着“行为”。“信念”不只来自视觉上的意象或认知层面，而且包含情感、意志和行为等方面。他用“格式塔”（gestal）概念来表示教师“信念”——先前经验、榜样角色、需求、价值、感觉、意象和惯例等方面结合在一起的整体，而且常常是无意识地被激发的。（Korthagen，2004）2005年，荷兰教育部制定了教师标准，对“能力”要求做了规定。这些规定凸显了整体性和多维度特征；其规定的能力定义涵盖的维度包括教学、交际、组织、方法、关系，值得注意的是，还包括“反思”维度。显然，整体主义取径为了体现“整体性”，对“能力”的定义过于宽泛，使原本就有争议的“能力”概念更模糊了，使人很难分辨“能力”到底“不包括”哪些内容。比如，荷兰学者别尔曼（H. Biemans）等人认为能力是“由一套知识结构、认知、互动、情感、心理技能、态度和价值观有机结合而成的，而这些要素是对某种职业、对任务的完成和问题的解决，对人们在某种职业、组织、地位和角色中的高效运行等方面所提出的要求”（Biemans et al.，2004）。还有，迪金（C. R. Deakin）将“能力”定义为“知识、技能、理解、价值、态度和欲望的复杂结合——它会在特定的领域带来有效的、可外显的人类行动”（Deakin，2008）。欧盟官方层面的政策对“能力”的定义也体现了这种泛化特征，其定义为“适用于某一特定环境的知识、技能和态度的结合”（Deakin，2008）。严格来说，能力和知识是有区别的概念（参见 Hyland，1993），至于“态度”和“价值”是否可被归为“能力”也是需要商榷的。整体主义取径对能力的定义完全打破了这些界限。这种“万能药”式的能力概念，使能力本位的教师教育到底应包括哪些内容、不包括哪些内容显得极其模糊，给教师教育者、师范生和在职教师在课程、教学、学习和评价方面带来诸多迷惑和困难。

当前的能力本位的教师教育不仅在界定上过于泛化，而且它导致了对教师能动性的限制，自然也很少为教师实践性判断提供空间。教师要具备预先规定的“能力”才能获得教师资格；教师被要求以那些别人给他/她规定的能力开展教学。能力本位的教师教育又是“去情境化”的，认为教师只要具备某些能力，在任何时空都会达到有效教学。这些都是导致教师能动性受限的重要原因。这种教师教育模式形成了对教师实践的一种“控制”。

二、标准本位的教师教育

当前世界上较为流行的另一种教师教育模式是“标准本位的教师教育”。如上所述，因为行为主义导向的能力本位的教师教育存在问题，20 世纪 90 年代初，它在西方有所式微，后转向整体主义的取径。与此同时，美国开启了新一轮的教师教育改革，掀起了教师专业化运动。此后，美国专门成立了教师教育机构和组织，开发研制“教师专业标准”。接着，美国许多大学的教育学院以这些标准为依据，设计了教师教育项目，开发教师教育课程，并建立起教师教育评估体系。这在西方世界掀起了标准本位的教师教育潮流。

20 世纪 80 年代末，英国政府制定了国家统一课程，这深刻影响了教师教育领域。为了加强对教师的管理，控制教师的质量，90 年代末，英国政府制定了国家教师教育标准。标准本位的教师教育具有了法定的效力，看起来取代了能力本位的教师教育。当前，在英国，如果一个人要想有“合格教师身份”（qualified teacher status）就必须符合国家制定的“合格教师身份标准”（QTS standards）。自从 1997 年首次颁布“合格教师身份标准”后，英国持续对教师教育标准进行了更新，比如，在 2002 年和 2007 年都出台了更新的合格教师标准。遵循“合格教师身份标准”的教师教育，也从师范生阶段延续到入职始业阶段，再到职后教师发展阶段等教师专业生涯的各个阶段。英国的“教师培训机构”（teacher training agency）的名称也发生了变化，更名为“教师发展机构”（teacher development agency）。当前，英格兰和威尔士的教师教育课程必须遵循教师发展机构的标准，如果师范生没有满足 80 个标准中的任何一个，他/她将没有资格当老师。教育研究生文凭项目的学生将 36 周中的 70%的时间用在与其所在大学合作的学校和学院中，每周要花两天在实习学校实习，只有 30%的时间在大学中学习科目知识与核心教育学。由此可见，在过去的数十年中，英国的教师教育从能力本位模式转向趋于校本的“标准模式”（standards model）的教师教育，而且后者具有法定的效力。

标准本位的教师教育也影响到了其他国家（Hextall et al.，2002）。2011 年“澳大利亚教学与学校领导力研究院”（AITSL）发布了一份文件——《全国教师专业标准》（National Professional Standards for Teachers），并将其贯穿于教师教育和教师发展的各个阶段。

标准看上去为教师能力提供了更为详细和专业的描述性指引，而且所涉及的内容突破了教师所需要的技能，拓宽到教师应具备的知识、态度和价值等领域。这些教师标准除了有对教师行为的描述外，还增加了对教师态度和价值观的详细描述，因此较能力本位的教师教育只关注教师技能有了一个进步。但是，这些标准依然主要是对要求教师执行的各种行为的描述，是对教师应遵循的态度、价值和实践的外在指令。实际上，标准被许多学者认为只是“规定能力”的新的代名词而已。教育哲学家温奇（C. Winch）尖锐地指出，那些“标准”在很大程度上仍然是旧模式意义上的“能力”描述（Winch，2010：11）。海耶斯（D. Hayes）也有类似的观点，认为那些关于教师标准的表述是“用另一名字代表的能力”（Hayes，1999）。在这个意义上，教师在工作中依然缺乏专业自主性或主动性，而更多地是作为外在指令的“客体”，甚至是被控制的对象。

三、证据本位的教学实践和教师教育

进入21世纪以来，又一种教师教育模式得以流行，这就是“证据本位的教师教育”。其英文为“evidence-based teacher education”，故而也被翻译为“基于证据的教师教育”或“循证教师教育”。这一教师教育模式是因“基于证据的研究”在教育教学领域中的风行而产生的。基于证据的研究模式最早源于并风行于医学领域。它通过实验研究的干涉，特别是“随机控制实验”（random controlled trial）的实验研究，寻找“什么让教育教学实践活动起作用、有效果”的证据，从而让教育教学活动更有效地达到一个已经预设的目标。研究的结果会被作为证据，成为教师教学应遵循的规则。简而言之，这种研究关注的是最有效能的、最起作用的达到目标的手段，具有强烈的技术理性的色彩。

基于证据的教育研究也促生了基于证据的教学实践。基于证据的教学实践开始受到关注。这种教学模式使政策制定者和个体教师基于已有的研究证据而进行决策和行动。研究结果作为证据会验证教师在实践中所具有的经验和判断是否有效。当然，基于证据的教师教育模式的出现，也得益于标准本位的教师教育文化。科克兰-史密斯（M. Cochran-Smith）曾指出："充斥在新教师教育中的证据，与标准运动演进的方式是一致的，与教育中基于证据的实践这一趋势显然也是一致的。"（Cochran-Smith，2005）她举例说，美国国家教师教育认证委员会（National Council for the Accreditation of Teacher Education）要求相关机构提供关于教师所教知识和教师成就的"有力证据"，并要求所有课程都设置证据导向的评估系统。美国教师教育认证委员会（The Teacher Education Accreditation Council）也要求美国各教育学院提供关于师范生毕业陈述的相应证据。此外，越来越多的教师教育者把他们的课程与自己的研究项目联系起来，将研究进程和结果作为课程的内容。

在我国，近年来随着实证研究在教师教育领域的兴起，有关基于证据的教师教育的主张和实践也不断发展。然而，基于证据的教师教育也并不是没有问题。首先，从一个研究情境中获得的证据未必适用于另一个实践情境。按杜威的论述，研究结果（证据）是过去的，对于未来的情境只提示可能性，而不提供永久规则。其次，基于证据的教师教育强调"证据"却无视或忽视个体教师的专业判断力和反思力。相比任何研究的结果——不管一个基于证据的研究如何充分和有效，教师的个体经验和专业判断力对情境与文化因素的细微之处都更为敏感。这也是杜威曾经强调过的。再次，基于证据的教师教育专注于对教育技术手段的研究，而忽视对教育目的的探讨。基于证据的教育研究和实践不仅聚焦在关于"因果律"和"相关性"的实证研究上，而且聚焦在"随机控制实验"的实验研究上。这些研究专注于提高教育工作的“效能”（what works）。效能与手段紧密联系，强调的是技术和工具的重要性。这等于夸大了技术理性，相对忽视了价值理性，或者说重视关于手段的“事实”，却相对轻视了关于教育“价值”的探讨，亦即忽视了有关教育和教学的目的的研究和讨论。不同于在医学、工程技术等领域，即使有再多的研究证据，类似“教师在特定的教育情境中要做什么”这样的决定，仍然有很大一部分是基于价值、道德规范的教育目的，而不仅仅是基于证据。最后，基于证据的教师教育忽略了教育和教学活动的复杂性，单纯且狭隘地把教学看作一个“过程-结果”模式的活动。我们都知道，教育与教学不仅和手段及价值规范问题相关，还受到社会、文化、政治环境以及权力作用的影响。教师需要根据更为复杂的情境进行综合判断而决定教学活动，包括考虑优先性、文化传统的继承或终止、可供分配的资源、此消彼长的教育功能和相关的承诺等复杂因素。此外，从权力影响的视角看，正如科克兰-史密斯所言，对于证据，我们不能不追问和思考：“收集证据的目的是什么？由谁在什么环境下来收集？为了谁的利益？同时牺牲了哪些群体的利益？”（Cochran-Smith，2005）。

四、杜威论教师教育

以上三种教师教育模式所存在的共同问题是没有给教师的能动性以空间，也忽视或轻视了他们作为教育专业人士所具有的实践性判断。这让我们反思是否还有不同的教师教育模式，该模式以尊重教师的能动性、培养和发展他们的实践性判断为要旨。在笔者看来，杜威的知行合一观和他的教师教育观为这种教师教育模式提供了可能性。

杜威在1904年发表了一篇名为《教育中理论对实践的关系》（The Relation of Theory to Practice in Education）的文章。虽然题目看上去讨论的是关于教育理论与教育实践之关系的抽象问题，但他在文中实际上论述的是更为实际的教师教育问题。我们甚至可以说这篇论文是杜威专门和系统讨论教师教育/培训的具体问题的论文。虽然此文写于一个多世纪前，但其思想和观点依然非常适合我们这个时代去思考和领会。在文章中，他主张教师培训要将理论与实践统一起来，即采用他主张的实验室型培训法。杜威强调先以“实验室法”进行教育理论方面的准备，然后开展学徒制（apprenticeship）培训。下面笔者从四个方面对杜威在该篇论文中表达的教师教育观加以阐释。

（一）实验室模式的实践工作

首先，杜威十分重视通过实践培养教师。他认为应该把实践工作（practical work）作为教师培训的手段（instrument）——它使得理论得以实现和被赋予活力，他称其为“实验室法”。他认为在教育领域中理论与实践之间是一种联合关系。

杜威把培养师范生的实践分成两种：一种是直接给师范生工作指令、技巧、技术，杜威称其为学徒制；另一种则把实习（实践）本身当作工具，从而帮助实习生生成真正的和有活力的教育教学理论，掌握理性的方法——不是随意得来的，杜威称其为实验室观点（laboratory point of view）。（Dewey，1927［1904］：9）

其次，杜威分析了专业学校的三个特点：（1）有学术知识基础；（2）发展出应用科学的分支专业（如医学中的化学、生理学）；（3）安排短期密集的实习，旨在让学生获得掌握理性的方法。杜威指出，实践工作应该为理性方法赋予生命和提供说明。这是因为：首先，实习时间短，需要快速打下理论基础，但实现这点就要求不能在工作时仅仅提供技能；其次，师范学校不能提供开展真实教学的充分条件，实际的培训更是导致这种真实条件（课程计划就是个例子）变少，师范生不是依据自身经验获得知识而改变教学计划，而是根据别人已有的范例。所以，在杜威看来，采用基于自己真实教学经验的教材内容不同于盲目遵照督导的评论和判定（Dewey，1927［1904］：12-13）。

就通过实践工作培训教师而言，杜威肯定学徒制的优点，而不是对其完全否定。但是，杜威认为学徒制让师范生一开始就在实践中获得技能的做法不利于教师的职业/专业发展。因而他再次强调实践应该是为了激活和阐明“理智方法”（intellectual method）而开展和进行的，即通过科学的或实验室的模式来开展实践工作（Dewey，1927［1904］：11）。杜威认可“校本”学徒制的实习实践，主要是出于三个考虑。第一，师范生在教育学院时间短，要高效使用时间的话，就要奠定科学（理论）基础。在真正的专业工作中，很难保证师范生有时间学习科学理论，但能保证其有时间获得和完善偏技术性的技能。第二，教育学院很难提供充分的条件使师范生获得和使用技能，因为学院提供的场景始终不是真实的，而那些技能在真正的教室和学校场景中表现得很不一样（Dewey，1927［1904］：11-12）。第三，杜威认为师范生通过自己的主动性和反思获得的发展与在导师监督下获得的发展是很不一样的（Dewey，1927［1904］：13）。所以，杜威并不反对师范生到中小学按学徒制开展实习实践，只是认为在方法上适合采用“实验室法”。

杜威特别强调，师范生在实习实践中不能不学习理论，因为如果只是把重点放在掌握教学和课堂管理的当下的精熟性（immediate proficiency）方面（Dewey，1927［1904］：13，15），那么他们会被置于危险境地，因为他们忽略了儿童的心理需要和教育机会，使自己也失去了生长的根基。师范生在成为真正的教师前不得不面临和处理两个问题。第一，从教育价值和教育应用的角度掌握学科内容（subject-matter），或者通过将教育原则运用于学科内容中而掌握教育原则，从而使学科内容既成为教学材料，又成为纪律和管理的基础。第二，课堂管理的技能。杜威认为，二者不是分离的，而是紧密联系着的，但是师范生无法同时在这两方面投入精力，故需要先专注于前者。（Dewey，

1927［1904］：13）

如果教师培训直接专注于实践技能而忽视理论，则会使师范生只关注儿童的“外在注意力”（outer attention），而不关注其“内在注意力”（inner attention）。杜威指出，儿童的内在注意力“是他们对心灵力量的直接和个人性的运作。如此，它是心灵成长的基本条件”。在杜威看来，洞察和判断儿童的内在注意力是教师的一个专业标志。

> 能够去追踪这种心灵作用，能够知道它是如何发起和维持的，能够知道如何通过获得的结果验证它，以及能够知道如何用它去验证表面结果，是教师最高的标志和资格。它意味着对心灵行动的领悟，辨别真相与假象的能力，以及继续引领一种心灵活动而阻拦另一种心灵活动的本领。（Dewey，1927［1904］：14）

儿童的外在注意力则是他们对教师或书本作为客体的注意。如果师范生没有教育心理理论方面的准备而直接进入教育实践的技能培训，会导致他们只关注儿童的这种注意力。

> 师范生还没有获得赋予他们心理学洞察的培训——那样的洞察能够使他们敏锐地（因而几乎是自动地）**判断**在给定时刻学生所需要的学科内容的种类和模式，从而让他的（内在）注意力有效而健康地前进。（Dewey，1927［1904］：14）[①]

杜威特别强调，如果师范生在早期没有打下理论根基的话，那么从职业的终身发展看，这会产生重大负面影响，使其专业性不能生长（Dewey，1927［1904］：14-15）。这是只重实践或只重理论的二分对

---

① 段中着重号为本书作者所加。

立做法会带来的负面后果。杜威批评了这种二分现象（Dewey，1927［1904］：15），并主张应该培养能够将理论与实践融合统一的师范生：

通过运用最好而可靠的明智，它们（教师的专业习惯）可以在明智的激发下而生成，也可以通过对明智的持续批判反思而生成，而这只有在准教师已经相当熟悉教材、熟悉教育心理学和熟悉教育哲学的境况下才是可能的。只有当这些理论被整合入心灵习惯，已经成为观察、领悟和反思的工作倾向中的构成部分，它们才会自动地、无意识地，因而也是敏锐地和有效地发挥作用。而这意味着，实践工作应该主要以这样的方式开展，即在使师范生成为一个深思而警惕的教育学学生的过程中，实践工作应该指向它对师范生施加影响后师范生所做的后续行动，而不是帮他达到应付当下的娴熟水平。（Dewey，1927［1904］：15）

最后，杜威讨论了教师缺少独立思考能力的问题。杜威认为教师受制于“模范课”的影响，常常直接去问所谓专家教师的教学方法，而缺少独立的思考。杜威认为，如果教师以自己的“独立的明智”来驱动自己（Dewey，1927［1904］：16），那么他们盲从别人和盲从各种流行教法的倾向就会被杜绝。在我们今天听来，这些观点依然一针见血。

（二）始于学生心智活动的教育理论

在指出实践的重要性并强调在实践中结合理论的方法后，杜威接着强调了教育理论的重要性及其与（实践）经验的联系。他指出，认为理论是空洞和抽象的，实际上忽略了日常生活经验和课堂经验的连续性（Dewey，1927［1904］：17）。教师需要在自己的经验中拥有能证明和激活理论的实践材料。杜威认为，忽视经验的连续性是不利于教师培训的，因为这会导致学校教育与校外教育的分离。师范生需要练习对理论原则和他们校内外经验中的实例进行组织与选择（Dewey，1927［1904］：18）。也因此，师范生学习理论原则是必要的。

杜威特别指出了教育心理学理论的重要性。在杜威看来，教育心理学作为理论与其他心理学的不同之处，一是侧重生长或发展，二是侧重社会因素，即心智之间的交流互动。在教育情境中，社会因素就是教师和学生各自所具有的社会性习惯的交流（Dewey，1927［1904］：20）。在杜威看来，关注社会因素对教育者尤为重要，但心理学中没有提及。心智的交流互动，是一个教育过程。儿童表现出的习惯，体现了儿童在接受他人或团体的刺激后所形成的反应。同理，教师对儿童的关系，体现的是教师的个人态度和习惯在儿童心智中（由于儿童自身的习惯）导致的生长或抵制（Dewey，1927［1904］：20）。杜威基于教育心理学提出的这两个特点，发展了他的关于教育始于儿童心智的教育理论。同时，杜威提出了教师的标准和教师的功能，这就是：能够注意到并且引导儿童的内在心理活动。杜威这样写道：

> 只有以学生自己的心灵成长的经验中所含有的价值和规律为起点，然后慢慢行进到关于他所知无多的其他人（学生）的事实，然后再慢慢行进到影响其他人（学生）心灵活动的努力中，教育理论才能用得更有效。只有以这种方式，教师心智活动习惯的最基本的特征才能稳定下来——观察内在而非外在的习惯，并且这种习惯认为教师最为重要的功能是对学生心智活动的引导，而且那样的心智活动在被引导之前必须要被了解。（Dewey，1927［1904］：21）

（三）学科内容与心智活动紧密联系的教学方法

在讨论完教师、儿童之后，杜威接着讨论了课程问题。在杜威看来，教师的教学方法与课程内容密切相关。于是，杜威又从科目内容

（学科知识）与人的共同的思维活动方法之间的紧密关系出发，进一步论证了理论与实践的不可分。他反对将教材内容与教学方法分离的做法，因为他认为教材内容表达的不仅是知识，而且是一种思维活动的模式，而后者与教育有关。杜威认为各个学科的内容是人的心智倾向和心智活动的体现，教师通过让学生与其接触和互动，能够引出学生的某种思维活动并帮助学生理解其意义（Dewey，1927［1904］：23）。这使得教师能够关注儿童的心智迹象，然后因势利导、因材施教。杜威说：

> 这意味着师范生需要这样看待学科内容：把学科内容的（社会性）功能与学生的心智反应、心智态度及心智方法联系起来。习惯于这样看待学科内容的教师心智，将对4岁儿童或16岁青少年表现出的智性活动的迹象具有敏感性，而这样的教师心智也将被培训得对学科内容有一种不由自主和自动的理解，以便适合于激发和引导学生的心智活动。（Dewey，1927［1904］：23）

如果只是教“学术知识”，就会忽略学生的心智成长，即忽略教育过程。这再次意味着教师需要具有**判断力**。不盲从教学科学所宣称和制定的规则的教师“自身充满了**探究精神**，对心智活动出现或缺失的迹象极为敏感，乃至不管他们做什么或如何做，总能在与他们互动的人们的内在唤醒或激发类似的警惕和高度的心智活动”（Dewey，1927［1904］：23）。显然，杜威这里是把教师视为一个应该独立思考的“探究者”的。

杜威还强调在教学中关注课程的整合性。他指出，人的心智是人学习各个学科的重要对象。对心智的培养，其目的在于使人的心智可以调节其自然的倾向、冲动和反应。各个学科正是人探索事物实情和与事物实情互动时的“心智方法的客观体现”（objective embodiment of methods of mind）（Dewey，1927［1904］：24）。因此杜威强调，各个学校需要的是对各个学科的融合和联结，以形成“整合思维”（assimilation thinking）（Dewey，1927［1904］：25），并使之表现为心智活动的数个基本模式。思维对日常经验中的普通材料施加的作用与思维对科学领域中体系化的材料施加的作用，在心智模式方面都是相通的和一致的（Dewey，1927［1904］：25）。

（四）教师培养中的明智和判断的重要性

由上可知，关于教师培养，杜威强调实践与理论的融合模式。同时，他把教师培养问题放在教师的教学、学生的心理活动和学科内容这三者之间的紧密关系中进行讨论。在这一过程中，发展师范生的实践性判断极为重要。

就通过实践工作培养教师而言，无论学徒制模式的实践，还是实验室模式的实践，还是二者的结合，都需要师范生发展实践性判断。杜威强调指导教师需要让师范生反思和判断他们的实践工作的成功与失败：

> 专家和导师的工作，应该导向让师范实习生批判性地评判他们自己的工作，让他们为自己找到哪些方面已经成功，哪些方面已经失败，并且找到自己失败与成功的原因，而不是对他们的工作的特点过于明确和具体地加以批评。（Dewey，1927［1904］：27）

在实践中，杜威指出师范生不应盲从专家和“模范课”，而要运用“独立的明智”对自己的教育实践进行探究。杜威专门讨论了教师在实践中缺少独立思考能力和判断能力的问题。他认为教师受制于“模范课”的影响，常常直接去问所谓专家教师的教学方法。他说：“在他们（教师们）中间缺乏智能的独立性（intellectual independence)，却存在智能的盲从性（intellectual subserviency）。”（Dewey，1927［1904］：16）与之相反，如果教师以他们自己的“独立的明智”来驱动自己，就会杜绝盲从别人和盲从各种教法的倾向，而发展起自己的独立的实践性判断。

就理论而言，在合适的情境下运用教育理论同样需要师范生运用他们的实践性判断。并且，他们还需要借助学科内容敏锐发现和判断学生的心智活动倾向，从而对其进行引导或阻拦。杜威明确指出师范生的这些教学习惯是可以培养的：“通过运用最好而可靠的明智，它们（教师的专业习惯）可以在明智的激发下而生成，也可以通过对明智的持续批判反思而生成，而这只有在准教师已经相当熟悉教材、熟悉教育心理学和熟悉教育哲学的境况下才是可能的。”（Dewey，1927［1904］：15）师范生只有通过接受教育理论培训，发展他/她的心理学洞见，才能够“敏锐地（因而几乎是自动地）判断在给定时刻学生所需要的学科内容的种类和模式，从而让他的（内在）注意力有效而健康地前进”（Dewey，1927［1904］：14）。①

综上，杜威认为在教师教育中指导师范生发挥他们的能动性、主动性，从而运用他们自己的实践性判断极其重要。因此，杜威明确指出，在教师培育过程中，需要培养师范生的反思力和判断力，即教师教育不仅要允许他们发展反思力和判断力，而且要期望他们发展那样的本领，而不是盲从固有的规则或预先的规定：

他们（师范实习生）不应该被过紧地指导，也不应该被过于细致地和过于即刻地批判（针对他们教学中的内容或方法）。应该预先安排师范实习生们获得这样的理解：他们不仅被允许根据他们自己的智能主动性而行动，而且他们被期望这样做。他们靠自己而理解情境的

① 句中着重号为本书作者所加。

能力在评判（他们是否为好教师）时是一个更重要的因素，胜过他们仅仅盲从任何特有的固定方法或方案。(Dewey，1927［1904］：27)

五、总结

为了探讨教师实践性判断在教师教育中的重要性，本章首先详细地阐述和批判性地分析了当前世界上的三种主流教师教育模式，即基于能力、基于标准和基于证据的教师教育模式。杜威关于教师培养中重视师范生反思力、明智和独立判断力的强调，在上述三种教师教育模式中都是缺失的。教师教育中对教师判断力的轻视，有着复杂的原因。英国教育哲学家史密斯（R. D. Smith）对教育中判断的缺失的深入分析，在笔者看来是切中要害的。他指出，当代教育中日益加剧的微观管理模式和预先规定的过于细致的标准，日益销蚀着教育者的判断。此外，新自由主义的扩张导致自由选择取代了专业判断，而基于证据的教育研究，特别是“随机控制实验”的实验研究，进一步使教师的判断边缘化了（Smith，2014)。这些分析与上述三种教师教育模式的一些明显特征是一致的。

杜威对教师教育中实践性判断的强调，不仅是对上述教师教育模式的重要补充，而且为我们重新思考教师教育的模式提供了不同的路径。然而，由于杜威的相关论文的重点在于论证教师教育中的实践和理论的融合与统一，而非教师实践判断力的养成和发展，所以，下一章将专门、系统和深入地探索并再构杜威关于教师实践性判断和教师教育的联系的认识。

第十章 教师的实践性判断与教师教育

专家和导师的工作，应该导向让师范实习生批判性地评判他们自己的工作，让他们为自己找到哪些方面已经成功，哪些方面已经失败，并且找到自己失败与成功的原因，而不是对他们的工作的特点过于明确和具体地加以批评。

——约翰·杜威《教育中理论对实践的关系》

从前面的论述我们已看到，教师的实践性知识为解决教师在实践中面临的问题提供了资源和工具，或者说智能支持，而教师的实践性判断为教师克服问题情境提供了下一步行动的方向和意义。教师的实践性知识与教师的实践性判断之间存在密切关系。教师的实践性知识是促成实践性判断的一个重要因素，而教师的实践性判断是“运用”实践性知识的关键所在，它还产生了新的实践性知识。在这个意义上，教师的实践性判断，是教师从掌握实践性知识到做出明智行动这一过程中起成败作用的一环。

实践性判断对实践如此重要，那么教师的实践性判断是不是可

"教"的呢？对于教师教育而言，这是一个重要的问题。如果说每个教师或多或少都有自己的实践性知识，并且有意无意地在他们的教育教学实践中使用那些实践性知识的话，那么优质的实践性判断却未必是每个教师都具有的。换句话说，就算教师拥有实践性知识，但是他们如何使用、什么时候使用、在什么情境下使用、对谁使用以及为什么使用那些知识等关键问题是涉及实践性判断的问题。正是在这个意义上，教师教育需要探索如何培养和发展教师的实践性判断。

一、教师实践性判断和教师专业判断

在教师专业化和教师专业发展的大背景下，我们常常会提到"教师专业判断"（teachers' professional judgment）这个概念。在已有的相关研究中，有些教育学家或教师教育工作者也会从"教师专业判断"这一概念出发来讨论教师专业发展。所以，这里首先有必要对教师实践性判断和教师专业判断这二者的关系做一番澄清、分析和界定。

什么是教师专业判断？这一概念的出现，应该与20世纪八九十年代由美国发端而扩散至全球各地的教师专业化运动有关。它是教师专业化领域中的一项重要内容。教师教育学家特里普对"教师专业判断"有过专门的研究。他对"专业判断"下过定义，即"通过经验和专业理论知识进行专业推测"（Tripp，2007：14），或"一种'专业猜测'，与反思、解释、观点、智慧紧密相关，而不单单是获得事实和规定的'正确答案'"（Tripp，2007：148）。虽然上述定义有助于理解"专业判断"的性质、范围、内容和特征，但它没有对"教师专业判断"做一个较为明确的界定。不过，在笔者看来，"教师专业"作为"判断"的限定词，在这里是重要的。

笔者认为，就其内涵而言，"教师专业判断"最精要而宽泛的定义可以是："教师关于教育教学活动的判断。"当然这需要进一步展开分析“教育教学活动”的含义。从广义上看，教师专业判断的“专业性”离不开“情境性”“价值性”“连续性”。第一，教育活动具有“情境性”。教育活动是在特定的历史、文化和政治空间中，特定的人与人之间的活动。在日常实践中，教师带着自己的经验、知识、情感和技能，身处无数具体的和变化着的场景，会遭遇到无数意想不到的问题。这意味着教师需要时刻运用判断选择行动策略，从而采取最适合教育情境的教育行动。因此，教师专业判断是教师在复杂具体的教育情境下，参照教育目的和价值，以能力、知识、情感和经验等为支持，选择和采取某种行动的决定过程。第二，教育活动是具有“价值规范性的”（normative）（即具有“价值性”）。这是教育活动作为“教育”活动的一个标志性特征，是使教育活动名副其实、具有“教育性”而不是其他特性的一个重要标志，故而也是教师专业的“专业性”之重要体现。这意味着教师专业判断的形成需要参照教育价值和教育目的（Hare，1993：142）。这还表明教师专业判断在某种程度上也是价值判断（value judgment）（Biesta，2013：134）。由于教育价值和教育目的本身是多向度的，这决定了教师专业判断是多向度的，需要在不同的教育目的之间权衡利弊、寻求平衡，综合各向度而做出最适合的实践判断。第三，教育活动具有“连续性”。杜威所说的“教育即经验的重组与改造”很好地解释了教育的这个特性。在对教育教学事件做出判断之后，教师要通过行动验证判断合适与否。此时，教师如果能进一步反思，并能在将经验的意义符号化后形成新的教育判断原则，将有助于在日后遇到类似实践情境而需要做判断时找到参考。

在笔者看来，教育活动的“情境性”“价值性”“连续性”作为教师专业判断的特征，也是教师实践性判断的特征。教师实践性判断，概言之，是指在特定的教育活动中，教师在遇到“不知道要做什么”的情况时，需要生成“该做什么”的判断（judgment of what is to be done），或者生成“在这个特定的情境中什么是教育上值得追求的”的判断，以便使教育活动更好地继续。这样的判断显然需要参照教育活动的“情境性”“价值性”“连续性”三方面而生成。而且，在我们讨论教师专业判断的“专业性”的时候，不可能脱离教育实践。在这个意义上，可以说教师专业判断天然包含教师实践性判断。尽管特里普把专业判断进一步细分为实践性判断、诊断性判断、反思性判断、批判性判断（Tripp，2007：36，148），但是他所讨论的实践性判断以执行“程序”为特征，因而是狭义的“实践”或者舍恩意义上的“实践”。虽然他把反思性判断和批判性判断单列出来，但我们知道它们实际上都是统一整合在杜威意义上的实践性判断中的。并且，他所说的以“释义”为特征的诊断性判断也是杜威意义上的实践性判断中的“解释”环节。因此可以说，特里普所说的专业判断几乎等同于杜威意义上的实践性判断。

实际上，许多教育学家把教师专业判断和教师实践性判断紧密联系起来讨论。比斯塔认为教师专业判断在本质上与亚里士多德所说的实践判断极为相关（Biesta，2013；Biesta，2019）。海尔布伦认为教师的实践性判断实质上应以杜威所论述的实践性判断为理论依据，这样才会获得更好的解释，走向更好的专业实践。在她看来，教师实践性判断是教师专业或专长的重要“基石”（Heilbronn，2008：202）。笔者在前面论述过，亚里士多德和杜威可以说都遵循了同一个传统。杜威对亚里士多德的实践判断的理论不仅有所继承，而且有更进一步的发展。

总而言之，假如教师专业判断不能完全等同于教师实践性判断，那么至少教师实践性判断是教师专业判断的重要构成部分，甚至可以说是核心部分。在这个意义上，当我们谈到教师专业判断时，不能不从教师实践性判断的层面来讨论。这对理解教师专业化和教师专业发展具有重要意义。

二、教师实践性判断的可教性

对于教师教育而言，首要的关键问题是，教师的实践性判断是不是可“教”的或者“可传授的”？在探讨这个问题之前，我们需要考察一下广义上的实践性判断是不是可教的。

对于这个问题，我们可以从亚里士多德那里寻找到答案，但是似乎也需要一些阐释。如上一章所述，亚里士多德认为实践性判断是一种“理智德性”，但同时也离不开“道德德性”，且二者是一起发挥作用的。关于德性是否可教的问题，他说过这样的话：“理智德性主要通过教导而发生和发展，所以需要经验和时间。道德德性则通过习惯养成，因此它的名字‘道德的’也是从‘习惯’这个词演变而来。”（亚里士多德，2003：35）他暗示实践性判断是可教的。他还说，在年轻人身上看不到明智（即实践性判断），因为“明智是同具体的事情相关的，这需要经验，而青年人缺少经验。因为，经验总是日积月累的”（亚里士多德，2003：178）。这表示实践性判断主要来自一个人以往的经验，因而一个经验不足的人很难具备这一“品质”。同时，这表明实践性判断的培养需要时间，而且，如果没有道德的习惯，也很难有好的实践性判断的产生。亚里士多德的这些见解表明，实践性判断是可教的，但教起来需要特别的方法。与直接传授知识不同，教师很难在短时间内直接向没有相关经验的人传授实践性判断。

如果我们从亚里士多德那里看到了实践性判断的可教性，那么从杜威这里可以看到这种判断是可以通过学习获得的。在杜威看来，判断能力具有个人属性，有一部分是一个人的直觉或是天生的素质，因而似乎并不容易言传。但是，杜威同时指出，有些判断来自先前相似情境下实施行动后获得的经验。正如他所论述的：

在普通事务中我们把这种能力称为诀窍、机智、聪慧，在更重要的事务中，我们称之为洞察力、辨别力。这种能力部分是本能的或天生的，但是它也代表过去长期类似操作而积淀的结果。拥有捕捉有证据或有意义的事物的能力以及放弃其他事物的能力，是专家、鉴赏者和鉴定家的标志。(Dewey，1909：104)

这里，杜威表明"判断"来源于经验，并基于经验。这种经验类似于许多工匠和专业人员通过日积月累的实践而获得的直觉性经验。由此我们看到，人们可以通过反思以往的实践经验而获得有关实践性判断的经验或知识，并依靠这种经验为日后的判断提供意义和方向。从杜威这里我们看到，"获取"和"反思"经验是培养、发展和加强实践判断力的一条路径。恰恰在这里，"教育"可以加入进来。教师教育的作用在于它可以提供培养实践性判断的机会与环境，帮助师范生和教师学员反思他们的实践经验，发展他们的实践判断力。

关于实践性判断的可教性，我们还可以从其他哲学家的论述中获得支持。在西方教育思想史上，除了亚里士多德，强调培养人的"判断"的教育者不能不包括法国思想家蒙田。作为文艺复兴时期的人文主义学者，蒙田无情鞭挞了自中世纪以来死记硬背书本知识的教育，强烈主张培养学生对生活形成自己的判断力。他说："他受的教育，他的工作和学习，都是为了形成自己的看法。"（蒙田，1996：168）。"老师不光要教学生历史故事，更要教会他如何判断。在我看来，这是我们大脑需要特别专注的内容。"（蒙田，1996：173）也因此，他特别强调教师应该是一个有判断力的人。他说："我希望能多多注意给孩子物色一位头脑多于知识的老师，二者如能兼得则更好，如不能，那宁求道德高尚，判断力强，也不要选一个光有学问的人。"（蒙田，1996：166）

判断，对蒙田而言，主要是指对生活和实践有自己的看法，而不是人云亦云，也不是死照书本知识去生活和实践。他说："学会自由思考，而不是一瘸一拐地踏着别人的轨迹走；大胆地撼动错误理解所赖以存在的荒谬根基……。真理和理性对所有人都是共同的。"（转引自 Compayré，1971：66-67）因此，可以说蒙田所指的判断，主要是对想当然或习以为常的见解进行理性的评判性反思，形成自己的独立见解，并以这样的见解指引好的生活和实践。虽然蒙田的这些思想针对的是他那个时代对书本知识死记硬背而无视实践和道德生活的现象，但与我们今天的教育也是极为相关的。

对蒙田而言，判断是可以培养的，是可教的，而且他给出了非常具体的教学方法。第一，他认为通过与人交流和沟通可以学习判断。他认为，"与人交往是非常适合这种学习的"（蒙田，1996：169），而这实际上也意味着多鼓励儿童与他周围的人交流沟通。第二，让儿童接触所处的世界。"我希望世界是我学生的教科书。它包容形形色色的特性、宗派、见解、看法、法律和习俗，可以教会我们正确地判断自己，发现自己的判断力有哪些不足和先天缺陷：这可不是轻易能学会的。"（蒙田，1996：174）也因此蒙田非常提倡通过旅行来获得智慧，他认为应"周游列国，……要把这些国家的特点和生活方式带回来，用别人的智慧来完善我们的大脑。我希望，在孩子年幼时，就带他们周游列国"（蒙田，1996：169）。第三，他认为通过观察也可以发展判断力。他写道："还有的人——不是最坏的——只是袖手旁观每件事如何进行，为什么这样进行，观察别人如何生活，以便对此作出判断，调整自己的生活。"（蒙田，1996：175）第四，他主张让儿童通过学习哲学来培养判断力，"因为哲学是他的主要课程，而哲学的独特禀赋就是无处不在，这就有利于培养他良好的判断力和习惯"（蒙田，1996：183）。蒙田这里说的哲学主要是伦理学，是教人如何生活的学问。由此也可看出他非常强调判断与道德的统一性。第五，也是最重要的，他强调通过实践来学习判断。他写道：

> 我倒希望帕瓦罗、蓬佩这些当代英俊的舞蹈家教我们跳跃时，不要叫我们离开位置，而让我们看他们动作，正如我们的老师教我们判断，却不让我们启动大脑一样；我希望人们在教我们骑马、掷标枪、操琴或练声时，不要让我们练习，正如我们的老师教我们正确判断和善于辞令时，不让我们练习讲话和判断一样。然而，在学习舞蹈此类东西时，我们面前的一切都可以作为重要的教科书：侍从的邪恶，仆人的愚蠢，餐桌上的言谈都是新的内容。（蒙田，1996：169）

在这段话中，蒙田以反语指出判断需要通过接受培训而获得，并且这样的培训要通过“实践”或“实操”来进行。他甚至更明确地说：“通过让人激情澎湃的长篇大论的演讲，无法让人们身处战场时就勇猛与好战；同样，通过听一首歌曲，也不能让一个人瞬间成为一个音乐家。在这两个例子中，精通的造诣必须通过漫长的学徒生涯而获得，通过长期而不间断的培训而获得。”（转引自 Compayré，1971：79）

康德是另一位在西方教育史上强调关于判断的教育的哲学家。在启蒙运动时期，他鼓励人们要敢于摆脱权威，有勇气独立思考，以理性引导自己的生活和实践。有意思的是，根据教育哲学家黑尔（W. Hare）的说法，康德声称“判断”是无法“教”的。与亚里士多德及蒙田类似，在康德看来，判断是必须靠“实践”获得的。因此，黑尔认为康德是就狭义而微观的“教”或“说教”而言的（Hare，1993：131）。换句话说，康德可能认为无法靠“说教”让学生学会“判断”，但认可“判断”可以通过实践培养出来。由此，黑尔认为，在教师教育者的指导下，在与学生的不断的互动实践中，师范生和教师的专业判断是可以培养的（Hare，1993：132）。

综上，实践性判断的“可教性”意味着教师实践性判断也是“可教的”。当代一些教育哲学家专门论证和支持教师专业判断的“可教性”。教育哲学家巴罗（R. Barrow）就认为教师效能（effectiveness）取决于教师判断。他论述认为，如果我们接受教学由一些“技能”构成，那么“好教师”与“坏教师”的区别就在于“好教师”“知道”在什么时候去提问、倾听、纠正和教授哪些学生，包括以什么方式、用多长时间。关于判断是否可教的问题，他认为，教师专业判断有赖于教师对整个教育事业的全面认知，有赖于教师理解自己应该以什么角色为这项事业做贡献（Barrow，1984）。这种观点强调教师对教育价值和使命感的掌握是教师专业判断的理论基础。类似地，教育哲学家温奇认为教师教育课程如果关注教育的“概念和价值方面的结构”，可为师范生和在职教师发展专业判断提供概念框架，帮助他们发展独立的思考并解决教育教学的实际问题（Winch，2010：6）。

这些都是在理论和概念层面就教师实践性判断之可教性而进行的讨论。还有一些学者主张从教师自身实践和反思的层面，探究教师教育如何发展和培养教师的实践性判断。海尔布伦认为教师实践性判断不是通过教育政策研究和短期教师培训而能得到的。联系杜威的经验论，她指出教师的实践性判断是以其个体经验为基础的，因此它应该是教师对自己的专业判断持续实践和反思的结果。由此她批判性地审视了英国本土的能力本位和标准本位的教师教育，主张发展教师的实践性判断。她为师范生的实践性判断的培养提供了非常有益的建议。（Heilbronn，2008）

教育哲学家比斯塔在其著作《教育的美丽风险》中，对亚里士多德的实践智慧概念进行阐发，发展出具有指引性的关于培养教师实践性判断的取径。在比斯塔看来，第一，教师教育应追求培养教师成为具有实践判断力的人，而不仅仅是传授给教师与其专业相关的知识、技能或性情。这意味着教师教育需要创设机会和空间，让学习者处于做实践性判断的情境中，并且不忘问自己这样一个问题：“在此特定情境下，什么是在教育方面值得追求的?”通过将此问题贯穿于教师教育的过程，加强师范生和教师对教育目的和教育情境的敏感性，培养教师能够做出专业的实践性判断的能力，并使教师自己在这方面日益精通（virtuosity）。第二，比斯塔认为要把教师实践性判断看成教师的一种最根本的素质（quality）。教师需要在自己的教学实践中不断演练或操练（practicing）“判断”，并专门对涉及“判断”的经验进行反思，通过在不同教育情境中不断运用实践性判断来“发展有关明智教育判断的精通程度”（比斯塔，2018：194）。比斯塔把这种取径的教师教育称为“基于判断的专业学习”（judgment-based professional formation）或“聚焦于判断的专业学习”（judgment-focused professional formation）（比斯塔，2018：194）。第三，教师需要把其他具有明智判断的教师当成学习的榜样，向他们学习做专业判断的本领，包括观摩他们的课堂。对于无法观察到的由教师缄默知识带来的判断，他建议可对这些教师进行访谈，或由研究者、师范生与教师一起通过合作构建榜样教师的生活史，以理解体会那些判断的来龙去脉（比斯塔，2018：194－195）。比斯塔的这些建议为把“教师专业判断发展”纳入教师教育课程提供了指引性的原则。

三、论如何培养教师的实践性判断

以上学者对如何培养教师的实践性判断提供了诸多有益的建议，笔者则试图专门从杜威关于经验和判断的论述出发，探寻培养教师的实践性判断的路径。在笔者看来，从杜威的经验反思理论视角看，可以从以下三个方面开展对教师实践性判断的培养。

（一）教师需要在运用实践性判断中学习实践性判断

杜威明确指出：“通过运用最好而可靠的明智，它们（教师的专业判断习惯）可以在明智的激发下而生成，也可以通过对明智的持续批判反思而生成，而这只有在准教师已经相当熟悉教材、熟悉教育心理学和熟悉教育哲学的境况下才是可能的。”（Dewey，1927［1904］：15）如此看来，教师需要在“行动中”真正地“做”实践性判断，以此来培养自己的实践判断力。

这首先意味着，在师范生实习阶段，教师教育者和学校的导师需要创造各种机会、条件和空间，促使师范生进行实践性判断。同时师范生需要仔细观察经验丰富的在职教师在教育场景中的实践判断行为。对于在职教师而言，他们需要在教学一线加强对教育判断的敏感性，并敢于做出自己的实践性判断，让自己的实践性判断通过不断的“操练”而日益精熟（比斯塔，2018：194）。

其次，按照杜威的行动哲学，当行动者与周遭世界的互动处于平衡状态时，他们只按照习惯或默会知识推进行动，而只有在遭遇到问题情境的时候，他们才会有判断的需要，进而提出明智的行动计划，恢复最初的平衡，即解决问题情境所造成的困难。这意味着行动者只有让自己真实地处于问题情境中，才能获得让自己的实践性判断发挥作用的机会。随着在特定情境中需要实践性判断机会的增加，行动者会增强运用实践性判断的能力，并且，随着问题情境的多样性不断扩大，行动者会更善于做出符合特定情境的独特的实践性判断。然后，行动者通过执行判断的决定或按照行动建议而开展行动。行动的结果可以让行动者知道自己判断的效用和适合性，有助于他们强化或改善自己的判断，以运用于日后相似的情境。

杜威的行动哲学意味着，教师教育者/研究者需要与师范生、教师一起，通过做行动研究来培养实践性判断。因为，行动研究作为教育研究的一种方法论，其理论基础正是杜威的行动哲学。行动研究的步骤与杜威所说的“探究”过程是一致的。埃利奥特（J. Elliott）曾指出行动研究对于教师实践性判断养成的恰适性：

> 行动研究可被界定为对一种社会性情境的研究，其伴随的愿景在于改善这一情境中的行动质量。它的目的在于在具体的情境中滋养实践性判断，而它所产生的理论和假设的效度与其说是基于“科学”实验和真理，不如说是基于帮助人们更加明智地和巧妙地行动时的有用性（usefulness）。在行动研究中，“理论”并不是孤立地被证实，然后运用到实践中的。它们是通过实践而被证实的。（Elliott，1991：69）

正是基于这样的考虑，海尔布伦指出，虽然教师并非必须成为研究者，但是假如教师要研究自己的实践，那么在教师教育课程中增加一些研究类课程以培养教师的行动研究素养是可行的，特别是要培养他们在行动中反思和对行动开展反思的习惯，并培养他们经常参与反思性行动研究循环圈的意识。但同时，她也指出，个体性的行动研究产生的专业性知识和判断具有局限性，即这种知识及其知识生产者的判断在不同情境中的迁移性较弱。（参见 Heilbronn，2008：158-159）

最后，亚里士多德区分了制作和创造这两种行动，也就区分了关于技艺的判断和关于实践的判断。前者是关于手段的判断，后者则会涉及对价值的判断。杜威对实践性判断的论述则使二者具有了统一性和整体性。他认为这两种判断在行动中实际上是紧密联系在一起发挥作用的，并一直强调手段与目的密不可分，是互相作用和互相调适的。在笔者看来，杜威关于手段与目的的紧密关系的理解，对教育实践中的判断尤为重要，因为教育手段与教育目的具有内在的联系，自然也决定了教育中实践性判断的复杂性。

杜威的这些观点意味着教师教育者需要创造机会和条件，来培养师范生发展专业判断的素质。例如，在教师教育课程中需要贯穿设置各种各样的教育情境或提供案例情境，向师范生追问与专业判断相关的问题，即在某一特定的教育情境中，教师教育者不仅要让师范生面对“怎么做能够达到某种教育目的”的技能判断问题，还要让他们面对“什么是在教育上值得追求的”这样的价值判断问题。前者意味着要教给师范生特定的教学的知识、技能和态度，后者则意味着要培养他们做出价值判断的本领。在真实的教育情境中，二者不应是割裂的。

（二）师范生和教师需要常规性地反思自己做实践性判断的经验

从杜威关于经验与反思的关系的论述中，我们可以看到“对实践经验的反思”的合理性以及这种取径作为一种学习的重要性。这意味着师范生和教师需要常规性地反思自己做实践性判断的经验。这是在没有遇到问题情境的情况下培养实践性判断的一种路径。这种反思，可被称为“对实践经验的反思”，即有意地把和实践性判断相关的经验作为对象而进行的反思。在笔者看来，这种反思甚至可以扩大到教师对自己生活经验的反思——如果我们把教师的专业生活和个人生活的内在统一性视为教师专业发展的重要维度的话。关于对经验的反思，笔者认为需要注意以下几个方面。

1. 对舍恩的“行动中反思”的反思

笔者这里提到的“对实践经验的反思”，与舍恩所提出的“行动中反思”并不完全相同。尽管舍恩的这一概念是基于杜威的探究理论而发展出来的，但是它在教师教育和教学活动中的理解和运用似乎具有几个局限性。海尔布伦曾分析过舍恩的“在行动中反思”这个概念为什么不适于作为培养师范生的实践性判断的思想基础。她认为，首先，这个用语所表达的“反思”似乎强调个体在行动中灵活应对外界环境的变化，而不是聚焦于（深度）“思考”这一行动。这一用语的指向似乎是，面对变化多端的情境，行动者需要灵活应对，从而更加有能力地顺利开展预先规定好的专业实践，因而这更接近于一种浅层和表面的行为调整。其次，因为“行动中反思”似乎仅依赖于个体的默会性和本能性的知识，过于强调个体的独自性而非联系群体，缺少与社会和文化大环境的关联，不适于师范生的集体学习。（Heilbronn，

2008：49-52）最后，因为在教学情境中有大量“行动中的理论”［theory(ies)-in-action］在发挥着作用，当这个概念与“行动中反思”并用时，很容易误导师范生，不利于他们的学习。综合这些原因，海尔布伦认为“行动中反思”不适合用于培养师范生的实践性判断。但是，海尔布伦承认，舍恩提到的“对行动反思”（reflect on action）对培养教师的实践性判断是有参考意义的（Heilbronn，2008：52）。笔者认为，海尔布伦的这些评论是有根据的。

此外，如果把舍恩对“行动中反思”的概念用于培养教师的实践性判断，笔者认为还会产生其他一些值得商榷的问题。第一，这个概念的界定存在模糊性，容易让人产生误解。他认为“行动中反思”“不仅能思索我们所做之事，我们还能在正在做之际思考我们的作为”（Schön，2004：60-61），但另一方面他把“对实践反思”（reflect on practice）也看作不同形式的“行动中的反思”（Schön，2004：67），因而容易引起混淆和误解。第二，舍恩对“实践”的理解也存在局限，不适合复杂的教学实践。他认为“首先，实践指的是专业情境中的表现；再者，它指为了专业表现而做的准备”（Schön，2004：65）。而教师的实践具有更多的复杂性，即不仅涉及“如何做”的实践，还涉及“应该做什么的实践”，即价值有涉的实践。第三，按“行动中反思”这一概念，教师要在当下的行动中进行反思。但是，在突现的教学情境要求快速判断的紧迫情形之下，教师们是否有时间反思呢？即使快速反思，反思的深度、广度和质量又如何？这些都是很难处理的问题。第四，只聚焦于“行动中反思”，特别是如果将其理解为在某个具体行为中反思，那么这种反思的范围会很小，也容易导致孤立而缺乏行动整体意义上的判断。在笔者看来，教师需要在实践中培养兼具灵活性、平衡性、综合性和整体性的判断能力，因而需要把意义更为丰富的“实践经验”作为反思的“靶子”，乃至要把更为广阔的教师“成人”（formation of the whole person）背后的生活经验作为反思的对象，使实践性判断力向着教师作为专业人员的基本素质的方向而生成（参见比斯塔，2018：193）。

2. 杜威关于“对经验进行反思”的理论与教师教育

基于以上的分析和论述，笔者认为，杜威的关于经验与反思的理论对培养教师的实践性判断更具有相关性和恰适性。从杜威的经验观看，“对实践经验进行反思”是一种学习。这从杜威早期对经验的定义中就可看出。为了避免别人对他的经验概念产生误解，他解释道：“我认为这不是一种形而上学式的反省，而是返回到自己的经历的过程，并仔细考虑来看看它们是如何发展的，是什么促进或阻碍了有机体内外的刺激和抑制。”（Dewey，1927［1904］：18）

具体而言，在杜威看来，如果行动者在经验中通过反思对行动作为手段及其后果建立了联系，这一经验就具有了意义，成为某种认知性经验，也就是我们前面提到的实践性知识。这种实践性知识作为对行动及其后果的联系的一种认知，有利于观察和应对日后行动中类似的问题情境。具体而言，行动者在行动过程中感到了困难，发起了探究，使得反思参与进来。有了这一反思的参与，行动者便可通过调动和运用知识库中的实践性知识，界定清楚问题，形成对问题情境的更适合的判断，更明智地选择解决问题的行动计划，最后用行动的后果验证判断的恰切性。而到了这一步，杜威又指出，行动者如果对这一过程继续做再反思，就会有所获得，因而可以说这是一种学习的过程。这时的反思，是发生在行动之后的反思，是对一次做与受的过程的反思，因而是对这段经验的反思。如杜威所言：“在我们得出结论之后，重新思考（reconsideration）整个过程中的步骤，从而看看什么是有帮助的、什么是有害的、什么是毫无用处的等等，这种反思将有助于更加迅速和有效地处理未来遇到的类似问题。按这种方式，较为明确的方法渐渐确立起来。”（Dewey，1909：113）

在后来的著作中，杜威明确地提出，对做与受的过程进行反思，是一种学习的过程。他这样论述："尝试性的经验包含变化，但是除非这种变化有意地和由其自身造成的后果联系起来，否则就是毫无意义的转变。当一个行动持续地延伸到后果的承受中时，当由行动而招致的变化反映到我们自身内在发生的变化中时，单纯的变化就承载了意义。我们学习到一些事物。"（Dewey，1997b［1916］：139）杜威继续阐述道："'向经验学习'，是在我们对事物所做的和我们从后果中所利用到的或所承受到的之间建立向后和向前的联系。在这些条件下，'做'成为尝试，通过与世界做试验而发现世界是什么样的；承受而得的事物成为教导，成为对事物之间的联系的发现。"（Dewey，1997b［1916］：140）在探究过程中，杜威认为，反思会让目的和价值参与进来，从而让探究和未来行动计划更具有引导性和意义，同时，过去存储的知识也会参与到反思中，成为"走向学习和发现的一个手段"（Dewey，1997b［1916］：149）。在反思过程中，行动者通过判断运用过去的实践性知识，解释特定情境中的问题，形成解决问题的建议，再通过判断选择最明智的行动计划而行动。行动会证实实践性判断的适合性。最终，行动者通过行动后的再反思而获得新经验的意义，即显示新经验所具有的价值，也就是获得新的实践性知识，它成为探究学习的结果，并被存储到知识库中。

杜威评价一个具有反思能力的行动者时说："从他以这种方式而非那种方式的行动中直接产生的后果，验证和揭示了这个反思的价值。在他学习的事物中，他已有的知识发挥着功能并具有价值。"并且，在杜威看来，一种经验的价值对未来具有连续性。杜威这样写道："看重知识作为方法；凭借这样的方法，一个经验得以被找到，从而给另一个经验以方向和意义。"（Dewey，1997b［1916］：345）这意味着，过去的知识对未来相似情境下发生的判断具有引导性和参照性，但不应该被理解为对下一步行动的指令。

3. 通过反思培养教师做出实践性判断的方式

最后一点，也是这一部分要提出的问题，即，“对实践经验进行反思”这一原则，对培养和加强教师实践性判断具体意味着什么呢？如果对经验进行反思是一种学习，教师教育如何利用这种学习开展对教师实践性判断的培养呢？其实，关于这些问题，杜威也给出过答案。

杜威在《教育中理论对实践的关系》（1904）一文中明确提出，在培养教师时，需要让师范生养成对自己的实践进行反思或者说“评判”的习惯。他说：“专家和导师的工作，应该导向让师范实习生批判性地评判他们自己的工作，让他们为自己找到哪些方面已经成功，哪些方面已经失败，并且找到自己失败与成功的原因，而不是对他们的工作的特点过于明确和具体地加以批评。”（Dewey，1927［1904］：27）由此可见，杜威关于教师教育的一个重要主张就是要让教师对实践经验进行反思和评判。

实践性判断作为反思性实践中的一部分，在选择事实和资料以便解释问题情境方面，在评价和选择行动计划以便开展明智行动方面，扮演着关键性的角色。在行动之后，判断也会受到行动的检验而证实其价值，并通过再反思被纳入已有的认知经验库中。这意味着，在一段教育教学经验完成后，师范生和教师对整个经验中实践性判断的形成和实施过程进行专门反思，会有助于他们自己的专业判断的生成和发展。基于这样的理解，教师教育者可以组织师范生和教师常规性地对教育实践活动进行反思，特别是让他们对自己做实践性判断的经验进行反思。

教师对自己做实践性判断的经验进行反思，就实际操作而言，其形式可以是多样的。其中主要的两种方式是教师叙事和制作教学档案。

第一，教师教育者可以帮助师范生和教师建构关于在教育中运用实践性判断的教育叙事。师范生和教师通过建构他们的教育教学叙事，可以理解和审视自己做实践性判断的具体过程，而这实际上也是一个反思的过程。这种“叙事性反思”会对改善他们的教育教学实践产生重要影响。但是对叙事的反思，是否等同于对经验的反思呢？或者更具体地说，对叙事的建构和对叙事的反思，能否等同于对实践和行动的反思呢？这涉及经验和叙事的相通性与一致性的理论问题。关于这个问题，法国哲学家利科（P. Ricoeur）为我们提供了一个极有帮助的分析和解释。从亚里士多德《诗学》中的“线索理论”的传统出发，利科发展出他的叙事的三重摹仿理论（threefold mimesis）。摹仿（mimesis）是亚里士多德的《诗学》中的一个概念。根据利科的解释，这个概念在亚里士多德那里主要是指“摹仿或再现行动”（imitation or representation of action）（Ricoeur，1984：33）。在亚里士多德那里，“摹仿行动即情节”（the imitation of action is the plot）（Ricoeur，1984：34）。因此，摹仿与情节（plot）紧密相连。摹仿即“事件的组织”（the organization of the events）（Ricoeur，1984：34）。基于此，利科发展出他的三重摹仿理论，包括先前布局（prefiguration）、综合布局（configuration）和重新布局（refiguration），其中综合布局是“造成叙事情节”（emplotment）的关键过程。从利科这里，我们可以看到行动和叙事之间的相通性与一致性，也因此，从对经验的反思到对叙事的反思，我们获得了合理的联结。

海尔布伦指出教师叙事不仅关注教师作为专业人员的叙事，而且关注教师作为一个人的生命历程叙事，即涉及家庭、历史和文化环境的叙事（Heilbronn，2008：188-189）。特里普也指出“我们”作为教师，包括作为个人的“我们”和作为受过训练、有经验的教师的“我们”（Tripp，2007：168）。这些表述都类似于古德森早期所提倡的联系“教师生活研究”来致力于促进教师的专业发展（Goodson et al.，1991；Goodson，1992；参见赵康，2019）。基于收集到的生活史资料，古德森近年与其同事聚焦于探索成人学习过程中的叙事及叙事行为的功能，发展出一种学习理论，并将其表述在《叙事学习》（*Narrative*

Learning，2010）一书中。他们从访谈资料中发掘出“生活故事的功效”（efficacy of life stories），即“在人们的故事和讲故事的行为之中，且通过这样的故事及讲故事的行为，人们能够并且实际上做什么”（Goodson et al.，2010：13）。他们指出“生活故事的功效”包含叙事及叙事行为的“学习潜能”（learning potential）和“行动潜能”（action potential）。“学习潜能”涉及人们从他们的故事和讲故事的行为（方式）中能够学习的方式和程度，“行动潜能”涉及人们的这种学习“转化”为行动的方式和程度（Goodson et al.，2010：14）。基于此，他们提出了“叙事学习”概念，即把“生活叙事与生活叙事行为作为学习的‘场域’（site）”（Goodson et al.，2010：14）。他们发现，“叙事学习可以从对叙事内容的学习中显现，也可以从‘叙事行为’本身中显现。叙事学习……因此并非仅仅是从叙事内容中学习的活动，而且是从持续建构生活故事的叙事‘行为’中不断学习的活动”（Goodson et al.，2010：127）。而且，“叙事学习可以是获得能动性的重要资源，即叙事学习转化为人们生活的方式，或对生活的方式有一个影响”（Goodson et al.，2010：14），这当然也包括对专业生活方式的影响。因此，古德森等人指出：“叙事学习在人们的生活中持续进行，对人们极为重要，并且可以是个人能动性和身份认同建构的重要工具。”（Goodson et al.，2010：132）这一观点在他的《发展叙事理论：生活史与个人表征》（2020）一书中得到了进一步完善。在这本书中，基于大量叙事访谈，他发现人的叙事行为可以呈现出四种类型，分别影响着不同的人的个人生活与专业生活。在笔者看来，这意味着师范生和教师通过对专业叙事和生活叙事做并行分析，会从更深更广的维度理解和反思教师专业判断。

第二，对常规的和习惯的教学事件进行批判性反思也是发展教师实践性判断的重要途径。美国教育哲学家汉森（D. Hansen）认为教师教学实践的背后是其日常直接奉行的道德价值观，因而他主张教师要经常反思其教学的日常习惯实践（Hansen，1997：163-173）。特里普也指出，教师应该对自己习以为常的教学事件进行深入的批判性分析，并通过这样的分析使其“问题化”，从而创造出他所说的教学中的“关键事件”（critical incidents），然后通过“诊断”这样的关键事件来发展自己的专业判断。他主张，教师对这种教学事件的分析和评价，可以通过制作和建构自己的教育教学档案这样的方法来开展。

特里普所说的“关键事件”并不是偶然发生的事情，而是经过教师分析和解释后“创造”出来的事情。他写道：

> 关键事件是创造出来的。事件经常发生，但关键事件是由我们观察情景的方式产生的；关键事件是对事件意义的阐释。把某些事情看成关键事件取决于我们的价值判断，判断的基础是我们对事件意义的重视程度。（Tripp，2007：15）

他指出，对教学中的很多事情，教师都习以为常，许多实践已沦为常规。他认为，把大量时间和精力花在常规上，教师就没有了反思的余地。他指出：

> 绝大多数关键事件并非特别凸显：它们只是对发生在常规专业实践中的普通事件的平铺直叙，它们之所以关键，这是因为它们标志着一种潜在的趋势、动机和结构。这些事件乍看起来“典型”而非“关键”，经过分析才变得关键。（Tripp，2007：34）

特里普发现关键事件有两种主要用途：一是拓展教师对专业判断力以及实践的理解和控制；二是为课堂行动研究寻找聚焦点。（Tripp，2007：33）为了充分利用第一种用途，他提倡教师建构“关键事件档案”。他认为，“关键事件档案是强化实践理性、形成实践理论的非常有效的方法，有助于发展个人的专业判断力”（Tripp，2007：83）。他还强调关键事件档案应该成为共享和分享的资源，而不仅仅是写给教师自己看的记录。“教师的关键事件档案能够而且应该包括可能成为关键事件的事件。此外，关键事件档案不应该只为个人所用。就为自己还是为别人撰写关键事件档案而言，我认为应该为公众而写。”（Tripp，2007：94）

从汉森和特里普的观念出发，受益于特里普提倡的教师的教学档案，我们可以看到，教师教育者可以引导师范生和教师把自己对教育和教学的看法及其发展变化、日常教学中涉及实践性判断的“关键事件”以及他们关于实践性判断的叙事等，以文本、图片和影像等形式，通过日志或主题分类的方式汇编成如同档案一样的资料集。这就形成了教师对涉及实践性判断的经验进行反思的“存储库”。定期地通过教学档案对这些过去的判断经验加以分析和反思，是培养实践性判断的一种重要手段。由于这些档案是教师们从开始实习到成为新手教师以及到日后成为熟练教师的各个阶段的记录，所以会对教师持续性地发展自己的实践性判断发挥重要的作用。

（三）师范生和教师可向精通实践性判断的教师学习

从杜威那里我们可以看到，实践性判断来源于以往的经验，但这并不意味着这样的经验仅仅是个人的经验而不能对别人的经验进行学习。按杜威的交流理论，经验还可以是来自他人的经验，来自群体的经验。恰恰在这里，我们看到了教师之间交流的重要性。交流，在杜威看来，正是教育过程的核心所在（Dewey，1997b［1916］：16）。由这些思想出发，教师教育对于教师的实践性判断的培养，可以从以下两个取径同时开展。

1. 建构榜样教师的生活史

第一条取径来自向“榜样”学习的启示。这意味着师范生和教师可以向那些在做实践性判断方面表现优秀的教师学习。在杜威的行动哲学中，明智是一个描述更好的行动的概念，因而它也是一个表示程度的概念。与明智密切联系的实践性判断，同样有程度上的差异。亚里士多德将实践性判断视为一种人的“品质”（quality），其有高低之分。比斯塔以艺术家通过练习而获得的技艺的精湛程度做类比，认为教师也要“操练”自己的实践性判断，让自己在实践性判断方面不断提升造诣，故而他用在做教师专业判断方面的“精通”一词描述实践性判断的好的状态（比斯塔，2018：193）。

这些观点就培养师范生和教师的实践性判断而言，都极具启示。教师教育者、师范生和教师可将那些善做优质实践性判断的教师作为榜样。这意味着“学徒制”中的导师或“师傅”所做的教育实践性判断，对师范生和教师而言，可能是首要的榜样。因此，教师教育者要让（准）教师观察具有优秀实践性判断能力的教师的特征，观察他们的课堂和他们工作的教育教学场景，以便从他们的教育教学行为和关键事件中洞察其所做的判断。在观察之后，师范生和教师可进一步与所观察教师交流，以便学习他们在特定情境下的行动所依据的实践性判断。在很多情境下，一些教师可能会根据自己的隐性知识或习惯做出实践性判断，而其行动背后的判断依据靠观察是无法获得的，在这种情况下，师范生和教师可以与所观察教师交流，对他们行动的判断依据进行访谈。

然而，具有优秀实践性判断能力的教师不应该只局限于提供“关于‘行动的叙事’（narrative of action），而且应该提供情境的历史或情境的谱系（genealogy of context）”（古德森，2020：2），因为教师的实践性判断与教师的生活史有着密不可分的联系。教师教育者、师范生和教师通过访谈那些榜样教师，合作建构那些教师的生活史，理解他们的判断生成的“来龙去脉”，具有重要的教育作用，是教师教育中可以运用的教学方法。

英国教育学家古德森在其编著的《研究教师生活》（1992）一书

中强调了教师生活史研究的重要性。他首先提出，之所以研究教师生活，是为了创造某种文化，以抗衡特定社会的知识/权力网络。为此，教师生活史研究需要“重新定义教育研究，从而确保教师的声音可以被听到，并且是大声而清晰地被听到”（Goodson，1992：10）。他解释道：“我们需要密切听取他们（教师）关于‘学校生活’和‘整体生活’之联系的看法，因为在那样一种对立统一关系中，关于教师职业生涯与承诺的重要故事会被讲述出来。”（Goodson，1992：16）他因此强调，教师教育者和研究者需要把教师专业故事与教师生活史联系起来。教师的说和写的方式，会体现其语言、品质和情感等层面的内容。从政治角度来说，教师的声音表达了教师言说的权利和呈现自身的权利。通过教师生活史研究，教师的个体认同和集体身份得以显现。

对古德森而言，“生活史的关键点是把教师自己生活的故事与广阔的情境分析（context analysis）并列放置在一起进行探索，即英国教育学家斯滕豪斯（L. Stenhouse）所说的‘某个情境性理论之内的某个行动故事’”（Goodson，1992：6）。这与只关注教师个人专业实践的叙事探究传统不同。同样是在 20 世纪 90 年代初，加拿大教育学者康奈利和克兰迪宁所从事的“叙事探究”基于的观点是，作为教师研究，教师生活故事只聚焦于专业方面的个人故事，所以应该对教师专业生活故事和教师生活史有所区分（Connelly et al.，1990）。在他们看来，两者是不同的。但古德森认为，教师的专业实践是基于教师生活史的，这就意味着两者不可分离。古德森在其与沃克编著的《传记、身份与学校教育：教育研究中的片段》（1991）中认为：“从我们在教学中投入‘自我’的程度上看，（我们的）经历和背景塑造我们的实践。”（Goodson et al.，1991：144）他认为，康奈利和克兰迪宁的研究方法过于聚焦“专业实践”，这样，“人与实践不可逆转地连起来，好像教师作为人就仅仅等同于他/她的实践。对于教师而言，聚焦具体事物是可以理解的，但是我希望论述，以一个更广阔的视角会获得更多的东西……。简言之，为了改善实践，要求我们从一开始就专注于（专业）实践的做法，在逻辑上和心理学上并不顺理成章。实际上，我……持与之相反的观点”（Goodson et al.，1991：141）。这意味着，古德森主张将对教师专业生活的研究与对教师生活史的研究并行、融合，这种取径对教师发展模式加以重新界定，即从“教师作为实践”（teacher-as-practice）的模式转向“教师作为人”（teacher-as-person）的模式来研究教师发展（Goodson et al.，1991：145）。

为避免混淆概念，古德森首先强调了“教师生活故事”和“教师生活史”的区别。他在《研究教师生活》中解释道：“生活故事是‘我们讲述的关于我们生活的故事’。”（Goodson，1992：6）在《教育环境中的生活史研究：从生活中学习》中，他和赛克斯（P. Sikes）把“生活故事”界定为“经过解释并成为文本的生活”，因此应该将其视为“对生活经历的一种片面的和有选择性的评论”。（Goodson et al.，2001：16）生活故事虽然不完全是怪异的，但从其本质上看，基本上是主观性的和个体性的。生活史则不同，它是一项合作后的产物。“生活史是一项合作事业，回顾一个更大范围内的证据。通过访谈和讨论，通过审视文本和所处环境，生活故事讲述者与其他人合作建构生活史，从而发展出一种更加广阔的叙述；生活史是指生活故事被置于其所处的历史环境中。”（Goodson et al.，2001：6）在《发展叙事理论：生活史与个人呈现》中，他进一步解释，通过

> 把故事“置于”历史环境，意味着生活故事可以被视为社会性建构，被置于实践与空间中，被置于社会历史和社会地貌中。我们的故事和故事线索需要被理解，不仅被作为个人建构来理解，而且被作为特定历史和文化机遇的表达。……生活故事作品聚焦于个人故事，而生活史力图沿着那些故事的历史背景和文化背景来理解它们。（Goodson，2013：5-6）

古德森认为，这样理解"教师生活故事"和"教师生活史"，是研究教师生活的方法论的关键。他从一开始就强调二者结合，因为只关注个人维度的故事，在研究方法上不充分，而且无法从研究中获得更深广的意义。在《生活叙事的兴起》中，古德森强调："个人故事如果脱离开大的背景，就只是个体化的工具。它聚焦于个体个性和个体境况的独特性，而这样做会模糊或忽视集体性的环境和历史运动。生活故事只能在具体的历史环境和文化环境中建构——这些都必须被纳入我们对研究方法论的把握中。"（Goodson，2006）1998 年，古德森与纽约州一所中学的教师贝利（Berry）合作，从教师视角考察教师专业标准改革的过程。研究发现，这位曾经优秀的教师在改革中经历着苦恼，工作投入度极低。通过将贝利工作生活的故事与其生活史及所在学校的历史结合起来，古德森发现他的教育经历、年轻时有关社会包容的学校共同体理念以及社会平等的政策记忆，与改革后更为实用的、注重微观管理的、用于专业实践的模式相抵触，导致他在新标准取向的改革中产生迷茫。古德森认为，忽视优秀教师的专业使命感，在某种意义上就是挫伤他们的改革参与感（Goodson，2013：77-83）。简言之，运用生活史研究方法能让师范生和教师看到教师身份的社会历史建构维度，也看到教师实践性判断赖以生成的社会、文化和历史土壤。

2. 让教师参与学习共同体

第二条取径得益于杜威的交流理论。由此理论出发，教师教育者可通过构建学习共同体来帮助师范生和教师生成与加强实践性判断。但是这样的共同体不应只是让师范生和教师获得某种预定的专业共同体文化，即通过专业的社会化而融入实践共同体已有的教育教学文化设置中，因为这将导致教师存在"同质性"，而缺少"创生性"。在杜威的交流理论中，我们看到的是完全不同的对于交流的理解。在杜威看来，交流是这样一个过程，即"在一个活动之中合作得以确立，且在这个活动中会有同伴，每个人的活动会因为同伴而得以修改和调整”（Dewey，1981［1925］：141）。互动者共同建构的新的意义，最后会在交流中形成。因此，杜威所说的交流应当被理解为互动者“分享经验的过程，直到它成为一个（互动者）共同拥有的事物”（Dewey，1997b［1916］：12）。在杜威看来，这一过程是教育的过程，特别是当把交流理解为“参与”（participation）的时候，即“确保参与到一个共同理解中的交流”。（Dewey，1997b［1916］：7）在这个过程中，个体参与到与他人共同建构的社会实践中。为了达成某种共识，每个参与者通过获得别人的经验来调整自己的经验。因此，比斯塔认为杜威所说的“参与”，“具有产生某种学习的潜能”，并且“这种学习使得参加某个活动的所有的人的观念、情感和理解都发生转化，一个共同和共享的观点得以出现”。（比斯塔，2018：50）可以说，杜威把交流理解为一个促生性和创造性的过程，一个建构新意义和共享新意义的过程，而不完全是社会化的过程。

那么杜威的交流观及其基于此阐发的教育观，对培养教师的实践性判断又有何启示呢？这些观点能让我们看到的是，教师教育者可以组织专门基于教师实践性判断的学习共同体，共同体中的每位成员都应该对在教育情境中做实践性判断抱有兴趣，但并不预设某种特定的判断作为共同体的学习目标。加入这个共同体后，每位教师可以分享自己关于实践性判断的经验，也可以批判性地吸收其他教师的经验，并调适和重构自己的经验。最后大家还有可能创生一个新的、共同的关于实践性判断的意义，作为日后做出实践性判断的共同资源，也可以为集体性和公共性的教育判断提供依据。这样的交流活动可以经常性地进行，不断促进新的意义产生，使对实践性判断的理解螺旋上升——无论是在个体层面，还是在集体层面。

就具体措施而言，我们可以看到古德森的“叙事教学法”（narrative pedagogy）可以促进这种学习共同体成员之间的交流。古德森把

"叙事学习"概念拓展到教师学习和教学领域。不难看到，生活史研究在教师的"叙事学习"中扮演着重要角色。首先，基于教师生活史的"叙事学习"把教师的个人叙事置于更广阔的社会历史环境中，能更全面地展现教师的个人生活与工作/专业生活，并将个人故事与社会情境及历史联结起来，从而有助于教师身份认同的形成和教师能动性的激发（Goodson，2006）。其次，古德森认为，基于生活史的"叙事学习"为教学和课程建构提供了新路径。榜样教师与合作者（教师教育者、学习者）"共同建构一个根基扎实的生活史，其功能可被视为参与到一种教育努力中。其中，生活史作品包含某种'教学邂逅'（pedagogic encounter），因为自我理解的意义和转变都是通过学习而形成的"（Goodson et al.，2011：42）。古德森将此教育路径概括为"叙事教学法"。它是"对某种教育历程的辅助；通过此历程，学习在深层的邂逅中发生，这种学习通过参与意义建构、深入对话和交流而发生"（Goodson et al.，2011：123）。并且，"该历程是生成性的，且基于学习者的生活叙事……。'课程'被视为'可叙事的路径'（narratable pathway），指向身份认同和能动性的生成"（Goodson et al.，2009）。"叙事教学法"以与他人合作建构生活史的方式展开。在与合作者的对话中，"叙事提供并创建了'教学时刻'（pedagogic moments），人们能在其中与自我建立联结，并且与他人、与他们的文化及传统、与他们的希望及梦想建立联结，最终与知识的有目标、有指导的建构建立联结——这样的知识将有助于他们在个人层面与公共层面的发展"（Goodson et al.，2009）。这种互动性的"叙事学习"，使教师教育者、学习者和榜样教师之间的合作叙事成为可能："双方都可以交换看法、地方性的理论、解释模式，并且这样做使他们达成一个新的，彼此协商后的，把叙事'置于'社会、文化和历史环境中的理解。"（Goodson et al.，2011：42）叙事教学的教育目的是创生一个"因历史理解而改变，且因社会想象而提升的新叙事"（Goodson et al.，2011：41）。

四、总结

本章主要讨论了教师教育如何培养、发展和加强教师实践性判断的问题。培养教师实践性判断的重要性在于它是明智地解决教师实践问题的关键所在，也是从教师实践性知识到教师明智行动的核心环节。教师实践性判断不仅为下一步的行动提供了方向，而且为下一步的行动赋予了意义。因此，教师实践性判断对教育教学实践的走向至关重要。也因此，教师教育需要关注教师实践性判断的培养和发展。

教师实践性判断的可教性虽然存在争议，但是众多教育学家已经从理论和实践层面支持了教师实践性判断的可教性，甚至为教师教育培养教师实践性判断提供了方向乃至具体的建议。这些方向和建议，虽然都涉及西方行动哲学流派中的反思实践的理论传统，然而并没有对这一传统中在当代影响巨大的杜威的行动哲学进行深入系统的考察和阐发。也因此，我们尚未从杜威的行动哲学中引出对教师实践性判断及其培养的系统理解。有鉴于此，本章在前面各章对杜威知行观进行阐释的基础上，提炼出杜威关于实践性判断的思想。这些思想首先让我们看到，教师教育培养教师实践性判断，需要让教师“在做中学”，即让教师自己在教学实践活动中真正地“做”实践性判断，并将之作为生成实践性判断的“自然”路径。随着操练实践性判断的次数持续增加，教师做实践性判断的本领会像音乐演奏家通过不断练习而成就的技艺那样日益精湛。同时，要对做实践性判断的经验进行经常性的批判性反思——不仅是为了形成教师自己的判断经验的宝库和网络，而且是为了让教师通过反思判断的成败来学习如何做实践性判断，从而让他们能够对自己做实践性判断的本领有所认识。当然，教师实践性判断不仅是基于个人经验意义的判断，特别是当教师需要对一些教育实践做集体性和公共性的决定的时候。杜威的交流理论恰恰为这种情况下的教师教育提供了思想资源。教师可通过参与关于实践性判断的学习共同体，在一起交流彼此的经验。这不仅可以调适和丰富他们做实践性判断的经验，而且能使他们最终就教育教学的集体性和公共性问题及其判断创生出共识。

第十一章 结语：联结知识与判断

正如本书开头所指出的，本书的目的是双重的：一是为教师的实践性知识的合理合法性提供根据和支持；二是突出教师的实践性判断与实践性知识的密切关系，从而强调教师的实践性判断在教育教学实践中扮演的关键角色。

本书已论述，关于教师的实践性知识的合理合法性，可以从杜威的知识论那里获得充分的依据和支持。杜威对实践性知识的认识，与传统的“心-物”二元论框架下的知识观不同，实践性知识是他的行动哲学框架下的知识类型。这类知识与行动密切相关，它从过去行动中来，在当下行动中发挥功能，再作为资源和工具为未来明智行动提供支持，最后通过行动而证实其效用。行动结果也重构或形成着新的实践性知识，作为工具引导未来行动的方向和意义。这一个过程循环往复。为了呈现这一观点，本书从杜威的实用主义知识论的视角考察了实践性知识的生成过程，阐释了与这类知识密切相关的三个概念：行动、经验和探究。本书指出，实践性知识的生成过程是一种认知性经验的生成过程，也是一种以实验的方式进行“识知”的过程，也即杜威所说的探究过程。为此，本书深入分析了探究的过程以及它与实践性知识的关系，指出探究的结果就是杜威意义上的实践性知识——一种表达手段与后果的关系的知识。接着，本书进一步讨论了杜威知识论框架中与知识密切相关的另外两个概念：意义和真理。因为它们之间的关系，特别是知识与真理的问题，涉及传统知识论中认定知识为知识的标准。对于和实践性知识有关的一些争议性问题，本书也从杜威本人的思想和对杜威思想的阐释出发，确立了相应的立场，并提供了回应。基于此，笔者专门就杜威关于实践性知识的理解和本书所关注的教师实践性判断之间的关系，进行了系统深入的展现。实践性知识为实践性判断提供帮助，并受实践性判断支配；实践性判断运用实践性知识，并产生新的实践性知识。二者在实践中是紧密的配合者和盟友。

教师实践性知识的合理性问题需要在知识论层面获得解决，但教师实践性知识的运用却是实践层面的问题，而这涉及行动理论的领域——尽管本书已提到杜威的知识理论与其行动理论是统一和交融在一起的。在杜威的行动理论中，好的实践是通过明智行动实现的。但是，实践性知识并不能直接带来明智行动和更好的实践。从实践性知识到明智行动，中介是实践性判断。因此，关注实践性知识就不能不关注实践性判断。从实践性知识的形成过程也可以看到，实践性判断是运用实践性知识和生成新的实践性知识的关键行动。

为了做出明智的行动，行动者凭借反思把明智带入探究。明智参与到反思进程中的实践推理中，受到知识的支持，所形成的实践性判断引导探究行动的方向和意义，包括帮助行动者理解问题情境、建构好的行动计划，从而引导新的行动，创造新的实践。因此，明智与实践性判断密不可分。

本书揭示，杜威所提供的关于实践性判断的理解，既包括对手段的判断，也包括对目的的判断，而且两种判断是彼此相联、相互影响的。这意味着教师在实践中不仅要对教育手段进行判断，而且要对与手段相联的教育目的进行判断。一方面，教师需要对“如何行动”做出判断，以便能够“生产出”某种特定的“教育结果”——尽管作为教师，要对这种教育结果保持一种“可能性”的态度而不是“确定性”的态度，因为在杜威看来实践性判断总是包含风险的。在这种情况之下，教师所做的判断是涉及在特定情境下用何种方法达到特定结果的判断。另一方面，教师在特定情境下还必须做出“应该如何行动”的判断，以便做出更明智的行动，即更好的实践（亚里士多德意义上的实践）。在这种判断中，教师的教育目的、教学目标、价值和欲求等都会参与到反思中来。在这种情况下，教师所做的判断是涉及教育后果的判断，与价值判断密不可分。

同时必须注意的是，如杜威所说，这两种判断彼此相联，互为影响。教师在思考运用何种手段以达到某种后果的问题时，不应只考虑手段的效率或效用问题，即以何种最有效的手段（效率价值）而获得期待的后果，同时还必须判断这样的手段在道德价值上是不是可接受的，在教育价值上是不是有意义的——这一点对教育和教学而言尤为关键。不仅如此，教师还要对特定情境下掌握的某些手段进行判断：那些手段是否受一些条件的影响，会导致某些期盼的教育目的无法达到；是否需要对手段或目的加以调整。或者，在特定的情境下，实践性判断需要对参与其中的多个价值进行选择。在某些情况下，教师还需要帮助学习者对某个或某些价值的构成进行调整和引导——这一点也同样具有非常重要的教育意义，如果我们把教育视为一种对人所欲求的价值进行引导、调整和重置的过程的话。因此，杜威关于实践性判断的论述对于理解教师实践性判断极为重要。

杜威还强调，在实践性判断中，价值作为明智的成分，会参与对继续行动的指引。按照亚里士多德的理论，实践判断是一种理智德性，但是也离不开道德德性。杜威继承了这一理解，把二者统一在他的习惯概念中，同时也扩大了道德德性的意义。在杜威看来，实践性判断不仅有智能要素的（如已有文化、传统和已有的实践性知识）参与，即含有理智的成分，而且有其他多样的价值的参与，包括认知的、宗教的、美学的以及道德的等不同种类的价值。这意味教师在做实践性判断时，参与其中的价值不仅仅是道德价值，而且包括其他方面的价值——理解这一点在教育领域中也是极为重要的。笔者认为，就教育领域而言，教师实践性判断当然首先包括教育意义上的价值——如果我们承认教育价值并不完全等同于道德价值的话。恰恰是在这个意义上，教师所做的实践性判断，在很大程度上才属于教育价值判断。

实践性知识为实践性判断提供理性支持，实践性判断运用实践性知识选择最明智的行动建议。实践性知识和实践性判断共同配合，引导下一步的明智行动，实现明智的实践。因此，二者的联手对教师的教育教学实践具有极为重要的作用。在某种意义上，实践性知识来自行动者自己的认知性经验，正如杜威所说的，每个人的经验各有不同。如此看来，实践性知识可能并非他人所能教授的。实践性判断则有所不同。在杜威看来，对实践经验的反思有助于关于实践性判断的学习。也出于这个原因，探讨实践性判断与教师教育的关系是必要的。为此，本书尝试探索并提供了培养和发展教师实践性判断的若干路径与建议。当然，本书所进行的探索，仅仅是一个开始，还有很多的工作有待继续探索和开展。所以，笔者也希望有更多的教育者参与到对教师实践性判断的研究和培养事业中来。

参考文献

中文文献

比斯塔，2018. 教育的美丽风险［M］. 赵康，译. 北京：北京师范大学出版社.

陈向明，2003. 实践性知识：教师专业发展的知识基础［J］. 北京大学教育评论（1）：104-112.

陈向明，2009a. 教师实践性知识研究的知识论基础［J］. 教育学报（2）：47-55，129.

陈向明，2009b. 对教师实践性知识构成要素的探讨［J］. 教育研究（10）：66-73.

陈向明，等，2011. 搭建实践与理论之桥：教师实践性知识研究［M］. 北京：教育科学出版社.

陈向明，赵康，2012. 从杜威的实用主义知识论看教师的实践性知识［J］.

教育研究（4）：108-114.

杜威，1990. 民主主义与教育［M］. 王承绪，译. 北京：人民教育出版社.

邓友超，2007. 教师实践智慧及其养成［M］. 北京：教育科学出版社.

范梅南，2008. 教育敏感性和教师行动中的实践性知识［J］. 北京大学教育评论（1）：2-20，188.

古德森，2020. 发展叙事理论：生活史与个人表征［M］. 屠莉娅，赵康，译. 上海：华东师范大学出版社.

教育部师范教育司，2003. 教师专业化的理论与实践［M］. 2版. 北京：人民教育出版社.

蒙田，1996. 蒙田随笔全集：上［M］. 潘丽珍，等译. 南京：译林出版社.

彭彦铭，郭志平，李正中，2011. 教师胜任力研究述评［J］. 湖北师范学院学报（自然科学版）（1）：20-25.

Schön D，2004. 反映的实践者：专业工作者如何在行动中思考［M］. 夏林清，等译. 台北：远流出版事业股份有限公司.

Tripp D，2007. 教学中的关键事件［M］. 邓妍妍，郑汉文，译. 石家庄：河北人民出版社.

亚里士多德，2003. 尼各马可伦理学［M］. 廖申白，译注. 北京：商务印书馆.

赵康，2019. 透析生活史研究在古德森教师研究中的角色［J］. 教师教育学报（3）：14-20.

外文文献

Admiraal W，Hoeksma M，van de Kamp M，et al.，2011. Assessment

of teacher competence using video portfolios: reliability, construct validity, and consequential validity [J]. Teaching and Teacher Education, 2011, 27 (6) : 1019-1028.

Barrow R, 1984. Teacher judgement and teacher effectiveness [J]. Journal of Educational Thought, 18 (2) : 76-83.

Biemans H, Nieuwenhuis L, Poell R, et al., 2004. Competence-based VET in the Netherlands: background and pitfalls [J]. Journal of Vocational Education and Training, 56 (4) : 523-538.

Biesta G, 2007. Why what works won't work: evidence-based practice and the democratic deficit in educational research [J]. Educational Theory, 57 (1) : 1-22.

Biesta G, 2013. The beautiful risk of education [M]. Boulder: Paradigm Publishers.

Biesta G, 2019. Reclaiming teaching for teacher education: towards a spiral curriculum [J]. Beijing International Review of Education, 1: 259-272.

Biesta G, Burbules N, 2003. Pragmatism and educational research [M]. Oxford: Rowman & Littlefield Publishers, Inc.

Britzman D, 1986. Cultural myths in the making of a teacher: biography and social structure in teacher education [J]. Harvard Educational Review, 56 (4) : 442-456.

Carter C, 1993. The place of story in the study of teaching and teacher education [J]. Educational Researcher, 2 (1) : 5-12.

Chen X, Wei G, Jiang S, 2017. The ethical dimension of teacher practical knowledge: a narrative inquiry into Chinese teachers' thinking and actions in dilemmatic spaces [J]. Journal of Curriculum Studies, 49 (4) : 518-541.

Clandinin D J, 1986. Classroom practice: teacher images in action [M]. London: Falmer Press.

Clandinin D J, 1992. Narrative and story in teacher education [M] // Russell T, Mundy H. Teachers and teaching: from classroom to reflection. London: Falmer Press.

Clandinin D J, Connelly F M, 1987. Teachers' personal knowledge: what counts as personal in studies of the personal knowledge [J]. Journal of Curriculum Studies, 19 (6) : 487-500.

Connelly F M, Clandinin D J, 1990. Stories of experience and narrative inquiry [J]. Educational Researcher, 19 (5) : 2-14.

Clift R T, Houston W R, Pugach M C, 1990. Encouraging reflective practice in education [M]. New York: Teachers College Press.

Cochran-Smith M, 2005. Presidential address: the new teacher education: for better or for worse? [J]. Educational Researcher, 34 (7) : 3-17.

Compayré G, 1971. Montaigne and education of the judgment [M]. New York: Burt Franklin.

Deakin C R, 2008. Key competencies for education in a European context [J]. European Educational Research Journal, 2008, 7 (3) : 311-318.

Delamare Le Deist F, Winterton J, 2005. What is competence? [J]. Human Resource Development International, 8 (1) : 27-46.

Dewey J, 1909. How we think [M]. Boston: Heath & Co. Publishers.

Dewey J, 1927 [1904]. The relation of theory to practice in education [M] //McMurry C. The third yearbook of the national society for scientific study of education. Bloomington: Public School Publishing Company.

Dewey J, 1929. The quest for certainty [M]. New York: Minton, Balch & Company.

Dewey J, 1976 [1900]. Some stages of logical thought [M] // Boydston J A. John Dewey: the middle works, 1899-1924: vol. 1. Carbondale: Southern Illinois University Press.

Dewey J, 1977a [1906]. The experimental theory of knowledge [M] //

Boydston J A. John Dewey: the middle works, 1899-1924: vol. 3. Carbondale: Southern Illinois University Press.

Dewey J, 1977b [1907]. The intellectualist criterion for truth [M] // Boydston J A. John Dewey: the middle works, 1899-1924: vol. 4. Carbondale: Southern Illinois University Press.

Dewey J, 1977c [1906]. Beliefs and Existences [M] // Boydston J A. John Dewey: the middle works, 1899-1924: vol. 3. Carbondale: Southern Illinois University Press.

Dewey J, 1978a [1911]. The problem of truth [M] // Boydston J A. John Dewey: the middle works, 1899-1924: vol. 6. Carbondale: Southern Illinois University Press.

Dewey J, 1978b [1910]. A short catechism concerning truth [M] // Boydston J A. John Dewey: the middle works, 1899-1924: vol. 6. Carbondale: Southern Illinois University Press.

Dewey J, 1981 [1925]. Experience and nature [M] // Boydston J A. John Dewey: the late works, 1925-1953: vol. 1. Carbondale: Southern Illinois University Press.

Dewey J, 1982 [1920]. Reconstruction in philosophy [M] // Boydston J A. John Dewey: the middle works, 1899-1924: vol. 12. Carbondale: Southern Illinois University Press.

Dewey J, 1983 [1922]. Human nature and conduct [M] // Boydston J A. John Dewey: the middle works, 1899-1924: vol. 14. Carbondale: Southern Illinois University Press.

Dewey J, 1986a [1938]. Logic: the theory of inquiry [M] // Boydston J A. John Dewey: the late works, 1925-1953: vol. 12. Carbondale: Southern Illinois University Press.

Dewey J, 1986b [1929]. The sources of a science of education [M] // Boydston J A. John Dewey: the late works, 1925-1953: vol. 12. Carbondale:

Southern Illinois University Press.

Dewey J, 1988 [1939]. Experience, knowledge, and value: a rejoinder [M] // Boydston J A. John Dewey: the late works, 1925 - 1953: vol. 14. Carbondale: Southern Illinois University Press.

Dewey J, 1989 [1934]. Art as experience [M] // Boydston J A. John Dewey: the late works, 1925 - 1953: vol. 10. Carbondale: Southern Illinois University Press.

Dewey J, 1997a [1938]. Experience and education [M]. New York: Touchstone Books.

Dewey J, 1997b [1916]. Democracy and education [M]. New York: The Free Press.

Dewey J, Bentley A, 1990 [1949]. Knowing and the known [M] // Boydston J A. John Dewey: the late works, 1925-1953: vol. 16. Carbondale: Southern Illinois University Press.

European Commission, 2021. Common European principles for teacher competences and qualifications [EB/OL]. [2021 - 01 - 02]. https: //www. europarl. europa. eu/RegData/docs_autres_institutions/commission_europeenne / sec/2007/0931/COM_SEC%282007%290931_EN. pdf.

Elbaz F, 1981. The teacher's "practical knowledge": report of a case study [J]. Curriculum Inquiry, 11 (1): 43-71.

Elbaz F, 1983. Teacher thinking: study of practical knowledge [M]. London: Croom Helm.

Elliott J, 1991. Action research for educational change [M]. Buckingham: Open University Press.

Erickson G L, MacKinnon A M, 1991. Seeing classrooms in new ways: on becoming a science teacher [M] //Schön D. The reflective turn. New York: Teachers College Press.

Fenstermacher G D, 1994. The knower and the known: the nature of knowledge in research on teaching [J]. Review of Research in Education, 20: 3-56.

Garm N, Karlsen G E, 2004. Teacher education reform in Europe: the case of Norway: trends and tensions in a global perspective [J]. Teaching and Teacher Education, 2004, 20 (7) : 731-744.

Garrison J, 1999. John Dewey's theory of practical reasoning [J]. Educational Philosophy and Theory, 31 (3) : 291-312.

Goodson I, 1992. Studying teachers' lives [M]. London: Routledge.

Goodson I, 2006. The rise of the life narrative [J]. Teacher Education Quarterly, 33 (4) : 7-21.

Goodson I, 2013. Developing narrative theory: life histories and personal representation [M]. London: Routledge.

Goodson I, Biesta G, Tedder M, et al., 2010. Narrative learning [M]. London: Routledge.

Goodson I, Deakin R, 2009. Curriculum as narration: tales from the children of the colonized [J]. The Curriculum Journal, 20 (3) : 225-236.

Goodson I, Gill S, 2011. Narrative pedagogy [M]. New York: Peter Lang.

Goodson I, Sikes P, 2001. Life history research in educational settings: learning from lives [M]. Buckingham: Open University Press.

Goodson I, Walker R, 1991. Biography, identity, and schooling: episodes in educational research [M]. London: Falmer Press.

Grimmett P, MacKinnon A, 1992. Craft knowledge and the education of teachers [M] // Grant G. Review of research in education. Washington, D. C.: American Educational Research Association.

Hansen D, 1997. Being a good influence [M] // Burbules N, Hansen D. Teaching and its predicaments. Boulder: Westview.

Hare W, 1993. What makes a good teacher [M]. Ontario: The Althouse

Press.

Hayes D, 1999. Opportunities and obstacles in the competency-based training and assessment of primary teachers in England [J]. Harvard Educational Review, 69 (1): 1-28.

Heilbronn R, 2008. Teacher education and the development of practical judgment [M]. London: Continuum.

Hextall I, Mahony P, 2002. Consultation and the management of consent: standards for qualified teacher status [J]. British Educational Research Journal, 26 (3): 323-342.

Hyland T, 1993. Competence, knowledge and education [J]. Journal of Philosophy of Education, 27 (1): 57-68.

James W, 1975 [1907]. Pragmatism: a new name for some old ways of thinking [M]. Cambridge, MA: Harvard University Press.

Korthagen F, 2004. In search of the essence of a good teacher: towards a more holistic approach in teacher education [J]. Teaching and teacher education, 20 (1): 77-97.

Merriam-Webster, 2021. Pragmatism [EB/OL]. [2021-04-21]. https://www.merriam-webster.com/dictionary/pragmatism.

Pantic N, Wubbels T, 2010. Teacher competencies as a basis for teacher education - views of Serbian teachers and teacher educators [J]. Teaching and Teacher Education, 26 (3): 694-703.

Ostinelli G, 2009. Teacher education in Italy, Germany, England, Sweden and Finland [J]. European Journal of Education, 44 (2): 291-308.

Peirce C, 1905. What pragmatism is [J]. The Monist, 15 (2): 161-181.

Peirce C, 1992 [1878]. How to make our ideas clear [M] //Houser N, Kloesel C. The essential Peirce: vol. 1. Bloomington, IN: Indiana University Press.

Ricoeur P, 1984. Time and narrative: vol. 1 [M]. Chicago: The

University of Chicago Press.

Russell T L, Munby H, 1992. Teachers and teaching: from classroom to reflection [M]. London: Falmer Press.

Schön D, 1983. The reflective practitioner [M]. New York: Basic Books.

Schön D, 1987. Educating the reflective practitioner [M]. San Francisco: Jossey-Bass.

Schön D, 1991. The reflective turn [M]. New York: Teachers College Press.

Sleeper R W, 1986. The necessity of pragmatism: John Dewey's conception of philosophy [M]. New Haven: Yale University Press.

Smith R D, 2014. Judgement calls : the ethics of educational deliberation [J]. Pedagogical Culture, 1: 101-114.

Struyven K, Meyst M, 2010. Competence-based teacher education: illusion or reality? [J]. Teaching and Teacher Education, 26 (8) : 1495-1510.

Tigelaar D, Dolmans D, Wolfhagen I, et al., 2004. The development and validation of a framework for teaching competencies in higher education [J]. Higher Education, 48 (2) : 253-268.

Thayer H, 1968. Meaning and action: a critical history of pragmatism [M]. Bobbs-Merrill: Indianapolis.

Van Manen M, 1992. The tact of teaching: the meaning of pedagogical thoughtfulness [M]. London: Routledge.

Weber M, 1978. Economy and society [M]. Berkeley: University of California Press.

Weigel T, Mulder M, Collins K, 2007. The concept of competence in the development of vocational education and training in selected EU member states [J]. Journal of Vocational Education & Training, 59 (1) : 51-64.

Willinsky J, 1989. Getting personal and practical with personal practical knowledge [J]. Curriculum Inquiry, 19 (3) : 247-264.

Winch C, 2010. For philosophy of education in teacher education [C]. Perth: Philosophy of Education Society of Australasia.

术语索引

G

H

J

K

L

M

N

P

Q

R

S

T

X

Y

Z

后记

本书的写作起源于我在北京大学教育学院做博士后期间所做的一项教育理论研究。2010年我在英国修完博士学业之后，借着一次应聘机会，有幸得到北京大学教育学院陈向明教授的接纳，开始跟随她做博士后研究。当时陈老师正在做教师实践性知识的研究课题，涉及与教师实践性知识相关的理论研究和实证研究。我有幸成为课题组的成员之一。因为我自己在读博期间做的是关于身份认同和终身学习的一项理论研究，偏重教育哲学取径，所以我需要调整自己的研究领域和方向，以便为课题的研究贡献一份力量。我开始试图把自己的理论研究专长与课题组的研究联系起来。

在此期间，我参加了陈老师组织的教育学原理读书课，并与她本人、她的研究生和访问学者进行了频繁而广泛的交流与探讨。同时，我也阅读了陈老师关于教师实践性知识的论文与专著。我还参与了陈老师组织的调研工作，与研究团队去北京的数个中小学校做过调研。就这样，在陈老师的带领下，教师教育研究开始融入我的研究领域。我萌生了对教师实践性知识问题的研究兴趣。最终，这促使我决定做一项围绕教师实践性知识的理论研究。

那时，我发现在该领域被谈论最多的就是教师的“实践”和“反思”，而我意识到这和我之前读过的杜威关于行动和探究的一些论述极为相关。当时国内学界对于教师实践性知识的性质和地位常有争议，所以需要开展更为深入系统的研究。此外，虽然一些与教师实践性知识相关的论文和著作也会提到杜威的理论，但我发现它们大多只是零星提及，并没有深入系统地展开论证。于是，我想到了从杜威的知识理论和行动理论的视角，来为教师的实践性知识的本质提供合理性支持。在我提出这一想法后，陈老师表示同意。在整个研究过程中，她还多次提供了宝贵的意见和建议，并鼓励我在多个场合就研究中的观点与同学、同行和一线教师进行交流。最后，我以《从杜威的实用主义知识论看教师的实践性知识》为题，完成了在北京大学的博士后研究报告。

在接下来的数年中，尽管我的工作环境有所变迁，研究重心也有所变化，但是我对教师实践性知识的研究并没有停止。在后续的研究中，我又发现了与教师实践性知识密切相关的“教师实践性判断”的重要性。这进一步拓展了我对这一领域的理论研究视野。我从杜威的理论资源中发现了与实践性判断密切相关的论述。数年来，我持续关注着不同学者关于教师实践性判断的论文和著作。得益于自己在这一研究领域的持续积累与反思，我终于写作完成了这本不算厚重的书。可以说，这本书反映了这些年来我对教师实践的理论研究与反思，不过，它尚未涉及相关的实证研究与案例研究。我希望日后有更多的研究者通过一些实证研究和案例研究，继续深化和发展有关教师实践性知识和实践性判断的课题。

在此书即将出版之际，我首先要向陈老师致以最深厚的谢意，因为这一研究从始至终都得到了陈老师默默的支持、鼓励和帮助。没有来自她的启发、引导和帮助，这项研究是不可能完成的，更不要说成书了。

同时，在从事这项研究的过程中，受益于北京大学图书馆和北京

出 版 人　李　东
责任编辑　薛　莉
版式设计　沈晓萌
责任校对　贾静芳
责任印制　叶小峰

图书在版编目（CIP）数据

教师的实践性知识和实践性判断：以杜威的知行观为理论视角／赵康著．—北京：教育科学出版社，2021.10（2023.7 重印）
（实践-反思教育学文丛）
ISBN 978-7-5191-2602-5

Ⅰ.①教…　Ⅱ.①赵…　Ⅲ.①师资培养—研究　Ⅳ.①G451.2

中国版本图书馆 CIP 数据核字（2021）第 192165 号

实践-反思教育学文丛
教师的实践性知识和实践性判断——以杜威的知行观为理论视角
JIAOSHI DE SHIJIANXING ZHISHI HE SHIJIANXING PANDUAN——YI DUWEI DE ZHIXINGGUAN WEI LILUN SHIJIAO

出版发行	教育科学出版社		
社　　址	北京·朝阳区安慧北里安园甲 9 号	**邮　　编**	100101
总编室电话	010-64981290	**编辑部电话**	010-64989363
出版部电话	010-64989487	**市场部电话**	010-64989009
传　　真	010-64891796	**网　　址**	http：//www.esph.com.cn
经　　销	各地新华书店		
制　　作	北京金奥都图文制作中心		
印　　刷	中煤（北京）印务有限公司		
开　　本	720 毫米×1020 毫米　1/16	**版　　次**	2021 年 10 月第 1 版
印　　张	12.5	**印　　次**	2023 年 7 月第 2 次印刷
字　　数	144 千	**定　　价**	38.00 元

大学教育学院图书馆丰富的学术资源，我借阅和参考了所需要的外文书籍与相关资料，从而极大地推进了此项研究。在后续发展这项研究的过程中，浙江大学教育学院为我提供了自由的学术探索空间，推动了这项研究的拓展和延伸。因此，我想感谢这两所大学所带给我的学术氛围与学术滋养。

最后，如果亲爱的读者发现书中存在谬误和遗漏，还望不吝赐教。

赵　康

2021 年春于杭州